Interpretação de Textos

Interpretação de Textos

Antônio Ricardo Russo

3ª edição

INCLUI CAPÍTULO SOBRE NOVO ACORDO ORTOGRÁFICO

artes e Ofícios

© Antônio Ricardo Rosa Russo, 2004

Edição
Elaine Maritza da Silveira

Capa
Andrea Paiva Nunes

Projeto gráfico e editoração
Juliana Dischke

Revisão do autor – Conforme Novo Acordo Ortográfico

Contato com o autor
ricrusso@terra.com.br

CIP BRASIL. CATALOGAÇÃO NA FONTE
SINDICATO NACIONAL DOS EDITORES DE LIVROS. RJ.

R9321
Antônio Ricardo Rosa Russo, 1958 –
    Interpretação de textos - 3ª ed.
/ Ricardo Russo. – Porto Alegre, RS : Artes e Ofícios, 2011
. – (Concursos e vestibulares)

    ISBN 978-85-7421-116-9

    Língua portuguesa (Ensino médio) – Composição e exercícios.
2. Compreensão na leitura. 3. Língua portuguesa – Concursos.
I. Título. II. Série

04-2655	CDD 469.8
	CDU 811.134.342

Reservados todos os direitos de publicação, total ou parcial, para
Artes e Ofícios Editora LTDA.
Rua Almirante Barroso, 215 – Bairro Floresta
90220-021 / Porto Alegre / RS
☎ (51) 3311.0832
www.arteseoficios.com.br

IMPRESSO NO BRASIL
PRINTED IN BRAZIL
ISBN 978-85-7421-116-9

À Duda Russo, que me tem ensinado a interpretar
os homens. Tenho sido aluno esforçado.

A Antônio Engracio Russo e Terezinha Rosa Russo,
que me ensinaram o valor do trabalho.

À Monique e a nosso filho, que está chegando:
a eterna aprendizagem de recomeçar a vida.

Sumário

Apresentação / 9

•

Introdução / 13

•

Parte 1
A tipologia textual do jornalismo / 15

•

Parte 2
As questões de múltipla escolha / 35

•

Parte 3
As armadilhas / 49

•

Parte 4
As palavras / 67

•

Parte 5
A Interdisciplinaridade e o ENEM / 99

•

Parte 6
Testes / 127

•

Mudanças Ortográficas / 161

Apresentação

Ivo viu a uva.

Fui educado por esse tal de Ivo. As cartilhas de minha época de alfabetização traziam-no comendo de tudo, melancias e jacas. Não tinha a menor ideia do que era uma jaca. Essas cartilhas torturantes eram distribuídas pelo Governo Militar a todas as crianças das escolas públicas, não importando se viviam na periferia e não tivessem tomado café da manhã, antes da aula gastronômica do Ivo.

Nunca gostei do Ivo. Refiz a frase:

Ivo viu a uva, e Maria via sonhos.

Ivo começou vendo uvas, depois aprendeu a contá-las. Maria era de outra genealogia. As uvas eram importantes mais pela textura, pela cor e pelo sabor do que pelo fato de serem uvas, e poderem ser contadas.

Enquanto Ivo contava uvas, Maria sonhava em ser dançarina ou cantora.

Na escola, era considerada distraída, ausente e com baixa capacidade cognitiva. Gostava mais dos intervalos, das brincadeiras do que das aulas chatas.

Ivo não perdia uma uva.

Cresceu e foi trabalhar para o governo. Aprendeu a ver uvas, a contá-las e depois a acumulá-las. Depois foi para a iniciativa privada e tornou-se um grande acumulador de uvas. As pessoas o respeitavam pela sua capacidade de juntar uvas. O Fantástico fez uma entrevista com ele: o homem que contava uvas quando criança e virou um grande produtor delas.

Maria virou qualquer coisa. Afinal sua vida não tinha lá muita importância: na sociedade de ivos, há pouco espaço para marias. Talvez tivesse até tentado o teatro, formando um grupo no bairro. Talvez quisesse estudar música, canto. Mas o melhor era casar.

Nossas escolas preparam mais ivos do que marias. Tanta tecnologia, tanta informática, tantos jogos e possibilidades, no entanto, no fundo, a educação segue a mesma.

Assim é com o ensino de língua. Nossas crianças aprendem a odiar a crase e as regras de acentuação, mostrando que língua não é liberdade, pelo contrário: é prisão.

Quanto às aulas de interpretação de textos, eram muito chatas...

"O que o professor deu na aula hoje?"

"Ele nem deu aula, só entregou uma folhinha."

Isso mesmo, a interpretação de textos não era aula! Aulas de gramática devem encher o caderno de regras, do contrário a escola ou o professor não são bons.

E vem o vestibular. E com ele textos e mais textos.

O aluno passou todo o ensino médio estudando gramática com frases soltas, desconexas, como se a língua fosse um amontoado de regras a serem decoradas.

Tanto os textos de vestibular quanto os do ENEM estão descobrindo, já há bastante tempo, a importância da contextualização. A comunicação tem sentido dentro de uma situação informativo-comunicativa.

A História, a Geografia, a Literatura e, pasmem, a Matemática entraram no mesmo jogo. Hoje se exige dos candidatos a cursos superiores (e a cargos públicos) capacidade de reflexão, de compreensão de enunciados. É o fim da decoreba. Para isso temos o computador a acumular dados.

    O grande desafio do professor de Língua Portuguesa é, exatamente, formar marias. É uma tarefa bem mais difícil; entretanto, gratificante.

Prof. Antônio Ricardo Russo

Introdução

A interpretação de textos no ENEM

Interpretar exige raciocínio, discernimento e compreensão do mundo

A interpretação de textos é de fundamental importância para quem deseja fazer o ENEM. Você já se perguntou por quê? Há alguns anos, as provas de Português traziam uma frase, e dela faziam-se as questões. Eram enunciados soltos, sem conexão, privilegiando um conhecimento de língua voltado ao acúmulo simples de regras – e não à reflexão, ao desenvolvimento do sentido crítico do candidato.

Os tempos são outros, e, dentro das modernas tendências do ensino de línguas, fica cada vez mais claro que o objetivo de ensinar as regras da gramática normativa é simplesmente o texto. Aprendem-se as regras do português culto, erudito, a fim de melhorar a qualidade do texto, seja oral, seja escrito.

Nesse sentido, todas as questões são extraídas de textos, escolhidos criteriosamente pelas bancas, em função da mensagem/conteúdo, em função da estrutura gramatical. Dessa maneira, fica clara a importância do texto como objetivo último do aprendizado de língua.

Neste livro, temos um exercício de sistematização de técnicas voltadas exclusivamente à compreensão e à análise de textos. Vamos propor um método exclusivo, resultado de nosso trabalho de tanto tempo em sala de aula. Precisamos deixar bem claro que esse exercício não se esgota nele mesmo. Antes, buscamos instigar os alunos e os professores a melhorar o processo de abordagem de textos; queremos fugir das aulas convencionais de interpretação e revelar aos alunos que se preparam para o ENEM que um texto precisa ser desvendado nos seus segredos. Queremos que os alunos deitem olhos atentos à frase, que descubram os caminhos dos labirintos propostos pelo autor.

Reveladas as técnicas, passamos e analisar as palavras, como se relacionam no contexto, sua origem, seus coloridos particulares, buscando melhorar o rendimento vocabular do leitor. Depois, passamos a mostrar uma moderna tendência em vestibulares e no ENEM: a interpretação de enunciados e a interdisciplinaridade.

Parte 1

A tipologia textual do jornalismo

Os Textos das Provas

Tanto os vestibulares quanto os concursos públicos buscam, de um modo geral, candidatos que tenham sentido crítico, capacidade de leitura e desenvolvimento de opinião – especialmente de assuntos atuais.

Nesse sentido, as revistas e os jornais de circulação nacional constituem-se em ferramenta importante para utilização nessas provas. Além da atualidade deles, a mídia acaba revelando uma língua mais dinâmica, mais usual, e bem mais atualizada com os fenômenos sociais. É importantíssimo notar o quanto a mídia (impressa ou eletrônica) influencia a língua, forma padrões, cria palavras e coloca outras no ostracismo.

Há muitas críticas ao texto jornalístico, especialmente quanto aos seus possíves "erros". Quanto a este professor, que já desenvolveu trabalho de corretor em jornal (copidesque – figura praticamente extinta nas redações), prefiro simplesmente analisar essas influências, porque inevitáveis. Se os jornalistas escrevem bem ou mal, isso é outra questão. Aliás, o que é escrever bem ou mal?

Os Artigos

São os preferidos nos vestibulares e no ENEM. Esses textos autorais trazem identificado o autor. Essas opiniões são de expressa responsabilidade de quem as escreveu – chamado aqui de *articulista* – e abordam a realidade objetiva, pautada pela imprensa. Trata-se, em verdade, de texto argumentativo, no qual o autor/emissor terá como objetivo convencer o leitor/receptor. Nessa medida, é semelhante à redação escolar, tendo a mesma estrutura: introdução, desenvolvimento e conclusão.

Os jornais brasileiros contratam articulistas com o objetivo de traduzir os variados assuntos do noticiário. Se eclode um conflito em algum canto do planeta, há de haver alguém que o disseque, o analise em seus diversos meandros. Alguns deles escrevem diariamente, e tornam-se familiares aos leitores; outros publicam semanalmente suas reflexões. Eles acabam por estabelecer um vínculo com os leitores assíduos do periódico, identificados com a publicação.

Exemplo de Artigo

Quando o assunto é segurança pública, duas concepções surgem logo: a criminalidade é uma doença, um câncer, que deve ser extirpado do corpo social; à polícia incumbe acabar com a criminalidade e restabelecer a paz. São duas concepções equivocadas.

Desde o início do século, as escolas criminológicas e sociológicas avisam: a criminalidade é um fenômeno normal. A sociedade é conflitiva. A ideia de ordem social maculada só existe em uma visão maniqueísta, cruel e equivocada.

De fato, não há sociedade sem crime. Acabar com a criminalidade é, pois, meta inatingível. O que é possível é mantê-la em níveis aceitáveis, que serão necessariamente coerentes com a realidade social.

E essa tarefa não é só da polícia. Qualquer manual de direito penal ou de criminologia diz: as instâncias formais de controle social – a polícia, o Ministério Público, o Poder Judiciário, o sistema penitenciário – atuarão quando as informais – a família, a escola, a igreja, o clube, a comunidade de bairro – falharem.

Na prática, percebe-se que as diversas instâncias são tratadas (e tratam-se) como compartimentos estanques, isolando-se umas das outras, como se cada uma tivesse um objetivo diverso.

A polícia é o símbolo mais visível do sistema oficial de controle social. É a polícia que toma a decisão no processo de seleção da clientela do sistema penal, que recolhe, no universo da população, a matéria-prima que será colocada na esteira rolante da indústria em que se converteu o sistema penal.

Essa atuação, porém, é profundamente marcada por estereótipos, e a seleção recai prioritariamente sobre as "caras de prontuário", na expressão do penalista argentino Zaffaroni.

A essa atuação discricionária, some-se a expectativa social. A expectativa da comunidade e dos próprios policiais é de que a polícia vença a criminalidade: afastem os criminosos do nosso convívio e voltaremos a ter paz.

Errado! O crime é um problema de todas as instâncias formais e informais, e não só da polícia. Uma sociedade que não se interessa pelas raízes do problema do crime, que pensa que sua segurança será maior na medida em que for maior o número de criminosos atrás das grades, que não consegue desenvolver sentimentos de solidariedade, que permanece indiferente, é cruel, insensível e merece a taxa de criminalidade que tem.

Sem um diálogo entre as diversas instâncias formais e informais, sem crítica e autocrítica constantes, sem reconhecer cada uma delas, suas limitações, sem buscar enxergar o todo, o nosso sistema repressivo vai continuar combatendo a criminalidade que ele próprio reproduz e reproduzindo a criminalidade que pretende combater.

Adaptado de Ana Sofia Schmidt de Oliveira,
Folha de S. Paulo, 27 de dezembro de 1997.

1. Para a autora do texto, a criminalidade
A) só será erradicada da sociedade quando as lições dos manuais de direito penal ou de criminologia forem seguidas.
B) será mantida em patamares razoáveis apenas quando a polícia atingir a eficiência e a imparcialidade na esfera onde atua.

C) será suprimida da sociedade apenas quando a expectativa da comunidade e dos próprios policiais for plenamente correspondida.
D) poderá ser eliminada se a eficácia do sistema penal brasileiro for acrescida da colaboração da família, escola, igreja e comunidade.
E) só será mantida em níveis razoáveis se se tirar da exclusividade das instâncias formais de controle social a responsabilidade de tal tarefa.

2. Quando a autora afirma que a ideia de ordem social maculada só existe em uma visão maniqueísta, está se referindo a uma visão
A) pela qual a realidade está encoberta por um discurso enganador.
B) pela qual a realidade é inteiramente construída pelas palavras.
C) que considera a origem social dos indivíduos para explicar seu comportamento.
D) em que se opõem, de maneira simplista, as ideias de bem e mal.
E) em que as ideias de represália e de retaliação são centrais.

3. Que o sistema repressivo combata a criminalidade que ele próprio reproduz, conforme refere a autora do texto, é um fato
A) utópico.
B) paradoxal.
C) inverossímil.
D) invulnerável.
E) Idílico.

4. De acordo com o texto, a escolha dos indivíduos que vão engrossar as fileiras do sistema penal é fortemente marcada
A) por parâmetros antropológicos.
B) Por concepções do penalista argentino Zaffaroni.
C) Pelas taxas de criminalidade.
D) Por clichês sociais.
E) Por análises objetivas dos prontuários.

Gabarito
1)E 2)D 3)B 4)D

ENEM - Simulado Objetivo 2008

"Antes da Revolução Francesa, Robespierre não passava de um advogado modesto em uma pequena cidade do Norte da França, com particular talento para defender os pobres e oprimidos (...) Depois da queda da Bastilha, ele foi subindo na hierarquia revolucionária, convertendo-se no rosto do fanatismo e do Terror que guilhotinou o rei, a rainha, os inimigos da Revolução (reais ou imaginários) e até os amigos mais próximos, pertencentes à facção jacobina que ele liderou (como Danton e Desmoulins).

Como explicar essa carreira fulgurante? Numa palavra: 'virtude'. Para o celibatário Robespierre, 'virtude' não era simplesmente uma qualidade privada porque, para o verdadeiro estadista, não existe distinção entre o público e o privado quando está em causa a salvação da República. A 'virtude' é um conceito total e totalitário; e os 'inimigos do povo' (uma categoria famosa que Robespierre inventou) não eram apenas os que procuravam restabelecer a Monarquia ou atrasar a marcha da Revolução. Como se lê em discursos ou peças legislativas de autoria do 'incorruptível' (como Robespierre gostava de ser chamado), 'inimigo do povo' era todo aquele que não respeitava a moralidade. Assim, não admira que Luis XVI e Maria Antonieta tenham sido guilhotinados como 'inimigos do povo'. Eles não somente representavam o Antigo Regime, mas uma vida de luxúria e deboche que incomodava profundamente a cabeça puritana dos jacobinos."

(João Pereira Coutinho, "Cuidado com os Virtuosos!"
Folha de S. Paulo, 18-03-2008)

5. De acordo com o texto anterior, podemos entender que na Revolução Francesa, durante o Período do Terror,
A) o conceito de "inimigo do povo" não podia ser aplicado aos membros do Partido Jacobino, por estarem identificados com as metas da Revolução.
B) Robespierre traiu os ideais que anteriormente defendia porque, chegando ao poder, aliou-se a políticos corruptos e deixou de proteger os pobres e oprimidos.

C) o termo "virtude", tão caro a Robespierre, perdeu sua razão de ser devido à grande corrupção reinante entre os membros do Partido Jacobino.

D) A incorruptibilidade de Robespierre levou-o, quando chegou ao poder, a adotar uma postura virtuosa, opondo-se à execução dos contrarrevolucionários.

E) a moral pública e a moral privada não deviam ser separadas quando se julgava alguém que estivesse envolvido com a vida política.

Comentários:

Como veremos neste livro, é importante para o candidato atentar ao enunciado da questão. Há um comando no enunciado: de acordo com o texto. Isso implica dizer que o aluno deve limitar-se exclusivamente ao que está no texto.

O artigo de Coutinho, publicado na Folha de S. Paulo, revela a opinião do autor, ele se mostra integralmente, fazendo afirmações, dando seu ponto de vista em relação a este personagem importante da história: Robespierre. Veremos ainda neste livro que outros autores, historiadores, publicaram artigos sobre grandes personagens da história. Estes artigos servem exemplarmente para se fazerem questões ligadas à história, que exigem a interpretação de textos.

Portanto, os artigos publicados na imprensa podem ser de jornalistas, contratados e pagos para isso, ou colaboradores eventuais. Políticos, religiosos, professores, por exemplo, seguidamente publicam artigos. O que é fundamental observar é que são textos dissertativos, opinativos. Possuem como objetivo último revelar uma ideia que esse autor tem.

Observe-se a **alternativa A**: nela existe uma inferência sobre os membros do partido Jacobino, mas o texto não aborda isso. Trata-se de uma conclusão que está fora do texto. Temos aqui o exercício que o leitor faz do texto, exercendo sua força sobre ele. No entanto, Coutinho limita-se a dizer que "inimigo do povo era todo aquele que não respeitava a moralidade". Depois exemplifica Maria Antonieta e Luís XVI. Concluir sobre os Jacobinos é estender a realidade textual. Veremos que essa é uma prática que denominaremos acréscimo, ou seja, a alternativa acrescenta, por meio de inferências, afirmações que não estão contidas no texto.

A **alternativa B** é menos sutil. Aqui se colocam afirmações que estão bem distantes do texto: em nenhum momento o autor afirma ou sugere que Robespierre se tenha aliado a corruptos, ao contrário. **Em C**, novamente se faz uma inferência errada, o texto não afirma, nem sugere que o termo virtude tenha perdido a razão de ser. **Em D**, a afirmação se opõe ao que afirma o texto, pois Robespierre pratica a execução dos contrarrevolucionários. Portanto, a única resposta possível é **E**.

Os Editoriais

Novamente, são opinativos, argumentativos e possuem aquela mesma estrutura. Todos os jornais e revistas têm esses editoriais. Os principais diários do país produzem três textos desse gênero. Geralmente um deles tratará de política; outro, de economia; um outro, de temas internacionais. A diferença em relação ao artigo é que o autor, o editorialista, não expressa sua opinião, apenas serve de intermediário para revelar o ponto de vista da instituição, da empresa, do órgão de comunicação. Muitas vezes, esses editoriais são produzidos por mais de um profissional. O *editorialista* é, quase sempre, antigo na casa e, obviamente, da confiança do dono da empresa de comunicação. Os temas, por evidente, são a pauta do momento, os assuntos da semana.

Esse texto não estará assinado. Ele servirá como uma carta aberta à população. Terá como base servir de interlocutor entre o povo e o poder. Buscará traduzir a opinião pública, o que pensa a sociedade sobre determinado tema da atualidade. Exigirá das autoridades constituídas procedimentos imediatos.

Os editoriais são os porta-vozes da sociedade. Entretanto, não sejamos ingênuos, eles também revelarão os interesses da empresa e as preferências políticas.

Nas revistas semanais de circulação nacional, os editoriais se constituem na apresentação, a descrição dos assuntos a serem abordados na edição. É interessante observar que tanto os editoriais quanto os artigos trazem opiniões, portanto, salienta-se aí um autor que busca dividir com o leitor o ponto-de-vista. São textos de personalidade forte: há um autor revelado claramente. É importante, no momento de analisar um texto, de quem são as vozes opinativas: se do autor, se do veículo, se de outras pessoas.

Exemplo de Editorial
UFRGS

Em 1952, inspirado nas descrições do viajante Hans Staden, o alemão De Bry desenhou as cerimônias de canibalismo de índios brasileiros. São documentos de alto valor histórico (...)

Porém não podem ser vistos como retratos exatos: o artista, sob influência do Renascimento, mitigou a violência antropofágica com imagens idealizadas de índios, que ganharam traços e corpos esbeltos de europeus. As índias ficaram rechonchudas como as divas sensuais do pintor holandês Rubens.

No século XX, o pintor brasileiro Portinari trabalhou o mesmo tema. Utilizando formas densas, rudes e nada idealizadas, Portinari evitou o ângulo do colonizador e procurou não fazer julgamentos. A Antropologia persegue a mesma coisa: investigar, descrever e interpretar as culturas em toda a sua diversidade desconcertante.

Assim, ela é capaz de revelar que o canibalismo é uma experiência simbólica e transcendental – jamais alimentar.

Até os anos 50, waris e kaxinawás comiam pedaços dos corpos dos seus mortos. Ainda hoje, os ianomâmis misturam as cinzas dos amigos no purê de banana. Ao observar esses rituais, a Antropologia aprendeu que, na antropofagia que chegou ao século XX, o que há é um ato amoroso e religioso, destinado a ajudar a alma do morto a alcançar o céu. A SUPER, ao contar toda a história a você, pretende superar os olhares preconceituosos, ampliar o conhecimento que os brasileiros têm do Brasil e estimular o respeito às culturas indígenas. Você vai ver que o canibalismo, para os índios, é tão digno quanto a eucaristia para os católicos. É sagrado.

(adaptado de: Superinteressante, agosto, 1997, p.4)

6. Considere as seguintes informações sobre o texto:
I) Segundo o próprio autor do texto, a revista tem como único objetivo tornar o leitor mais informado acerca da história dos índios brasileiros.
II) Este texto introduz um artigo jornalístico sobre o canibalismo entre índios brasileiros.
III) Um dos principais assuntos do texto é a história da arte no Brasil.

Quais são corretas?
A) Apenas I
B) Apenas II
C) Apenas III
D) Apenas I e III
E) Apenas II e III

Comentários:

A afirmação I usa a palavra *único*, o leitor deve cuidar muito com essa palavrinha, geralmente ela traz uma armadilha. A afirmação reduz o texto, que vai bem além de ter como *único* objetivo informar sobre a história dos índios. Aliás, não é a história dos índios, mas sim da antropofagia deles.

Gabarito
6) B

A afirmação III está errada, pois a história da arte está longe de ser um dos assuntos principais do texto.

Essas afirmações merecem algumas observações. Em primeiro lugar, a afirmação I diz: "Segundo o próprio autor do texto". Mas quem é esse autor, tendo em vista que se trata de editorial? Não há um autor expresso. A afirmação II, considerada como certa, traz uma imprecisão. O texto não introduz um *artigo* jornalístico. Como vimos, artigo é bem diferente. O editorial introduz *matéria* ou *reportagem*, nunca um artigo.

As Notícias

Aqui temos outro gênero, bem diverso. As notícias são autorais, isto é, produzidas por um jornalista claramente identificado na matéria. Possuem uma estrutura bem fechada, na qual, no primeiro parágrafo (também chamado de lide), o autor deve responder às cinco perguntinhas básicas do jornalismo: Quem? Quando? Onde? Como? E por quê?

Essa maneira de fazer texto atende a uma regra do jornalismo moderno: facilitar a leitura. Se o leitor/receptor desejar mais informações sobre a notícia, que vá adiante no texto. Fato é que, lendo apenas o parágrafo inicial, terá as informações básicas do assunto. A grande diferença em relação ao artigo e ao editorial está no objetivo. O autor quer apenas "passar" a informação, quer dizer, não busca convencer o leitor/receptor de nada. É aquele texto que os jornalistas chamam de objetivo ou isento, despido de subjetividade e de intencionalidade.

Uma sentença para Damião

Dona Albertina Ximenes, então com 54 anos, não entendeu por que seu filho, Damião Ximenes Lopes, foi espancado no manicômio Guararapes, em Sobral (CE). Era pacífico o rapaz. Sofria com problemas psicológicos, é verdade, parecia depressão, foi internado porque estava num período difícil. A clínica, porém, fez o que fazia com todos que chegavam lá: carimbou "esquizofrenia". Damião morreu um dia depois, em 4 de outubro de 1999.

Albertina não suportou, afastou-se do caso. Restou à irmã de Damião, Irene Ximenes, fazer alguma coisa, clamar por Justiça, tentar responsabilizar os culpados.

"Logo depois que fiz o sepultamento dele, comecei a correr atrás de Justiça, mas fui vendo que nunca ninguém tinha sido punido por crime de manicômio", contou.

Pela internet, Irene acabou descobrindo a história de Austregésilo Carrano, expoente da luta antimanicomial no Brasil, que virou filme na pele de Rodrigo Santoro em "O Bicho de Sete Cabeças". Desanimou. Carrano não conseguira responsabilizar seus médicos por aplicar eletrochoque sem diagnóstico. Teve de indenizá-los por danos morais.

Mas foi pela internet também que Irene encontrou o site da Comissão Interamericana de Direitos Humanos da OEA, fez a denúncia e se abismou – a resposta veio no dia seguinte. "Pediram mais informações, passei dois anos mandando documentos", disse Irene. A comissão levou o caso à Corte Interamericana, na Costa Rica, que condenou o Brasil, em 2006, a indenizar a família de Damião e pedir celeridade ao Judiciário brasileiro.

O Judiciário trabalhou. Um dia antes de expirar o prazo imposto pela OEA – 1º de julho deste ano – seis pessoas foram condenadas pela morte de Damião. A pena, de seis anos em regime semi-aberto, não agradou. "Minha luta não acabou. Justiça não foi feita completamente, e a reforma psiquiátrica também não", avisou.

(Roberto Almeida, O Estado de S. Paulo, 10/08/09)

As Crônicas

Estamos diante da Literatura. Os cronistas não possuem compromisso com a realidade objetiva. Dessa maneira, Rubem Braga, cronista, jornalista, produziu, por exemplo, um texto abordando a flor que nasceu no seu jardim. Não importa o mundo com suas tragédias constantes, mas sim o universo interior do cronista, que nada mais é do que um fotógrafo de sua cidade. É interessante verificar que essas características fundamentais da crônica vão desaparecendo com o tempo.

Se observarmos o jornal Folha de S. Paulo, teremos, junto aos editoriais e a dois artigos sobre política ou economia, uma crônica de Carlos Heitor Cony, descolada da realidade, se assim lhe aprouver (Cony, muitas vezes, produz artigos, discutindo algo da realidade objetiva). O jornal busca, dessa maneira, arejar essa página tão sisuda. A crônica é isso: uma janela aberta ao mar. Vale lembrar que o jornalismo, ao seu início, era confundido com Literatura. Um texto sobre um assassinato, por exemplo, poderia começar assim: " Chovia muito, e raios luminosos atiravam-se à terra. Num desses clarões, uma faca surge das trevas..." Dá-se o nome de *nariz de cera* a essas matérias empoladas, muito comuns nos tempos heroicos do jornalismo.

Sobre a crônica, há alguns dados interessantes. Considerada por muito tempo como gênero menor da Literatura, nunca teve status ou reconhecimento de parte da crítica. Muitos autores famosos, romancistas, contistas ou poetas, produziram excelentes crônicas, mas não são conhecidos por isso. Carlos Drummond de Andrade é um belo exemplo. Pela grandeza de sua poesia, o excelente cronista do cotidiano do Rio de Janeiro foi abafado. O mesmo pode-se falar de Olavo Bilac, que, no início do século passado, passou a produzir crônicas num jornal carioca, em substituição a outro grande escritor, Machado de Assis.

Essa divisão dos textos da imprensa é didática e objetiva esclarecer um pouco mais o vestibulando. No entanto, é importante assinalar que os autores modernos fundem essa divisão, fazendo um trabalho misto. É o caso de Luis Fernando Verissimo (Zero Hora e Estado de S.Paulo), que escreve uma crônica com os personagens conversando em um bar, terminando por um artigo, no qual faz críticas ao poder central, por exemplo. Martha Medeiros (Zero Hora), por seu turno, produz, muitas vezes, um artigo, revelando a alma feminina. Em outros momentos, faz uma crônica sobre o cotidiano.

Existe ainda a figura do cronista político, do cronista social, do cronista econômico. Esses textos, curiosamente, dada a especificidade do assunto pautado, criaram uma linguagem própria. Um belo exercício desses profissionais é tornar o assunto economia, por exemplo, degustável para o leitor. O economês, técnico e enfadonho, precisa ser traduzido. Desse modo, o cronista político e econômico é, em boa medida, tradutor para o grande público.

Nessa esteira, surgiu também a crônica de humor, praticada, por exemplo, pelo Macaco Simão (Folha de S.Paulo). Todas essas variantes estão, pelas características, ligadas àquela crônica do cotidiano.

Voltando à tipologia do jornalismo, é interessante observar, na análise desses textos, de quem é a voz, ou seja, o autor. Os textos variam de mais para menos autoria, de mais para menos autor. No artigo, há um autor inteiro e pleno; no editorial, ele se esconde, é apenas porta-voz; na reportagem ele assina, mas omite sua opinião, não a declara, não a expressa largamente.

Exemplo de Crônica

Quando Rubem Braga não tinha assunto, ele abria a janela e encontrava um. Quando não encontrava, dava no mesmo, ele abria a janela, olhava o mundo e comunicava que não havia assunto. Fazia isso com tanto engenho e arte que também dava no mesmo: a crônica estava feita.

Não tenho nem o engenho nem a arte de Rubem, mas tenho a varanda aberta sobre a Lagoa – posso não ver melhor, mas vejo mais. Otto Maria Carpeaux não gostava do gênero "crônica", nem adiantava argumentar contra, dizer, por exemplo, que os cronistas, uns pelos outros, escreviam bem. Carpeaux lembrava então que escrever é verbo transitivo, pede objeto direto: escrever o quê? Maldade do Carpeaux. (...)

Nelson Rodrigues não tinha problemas. Quando não havia assunto, ele inventava. Uma tarde, estacionei ilegalmente o Sinca-Chambord na calçada do jornal. Ele estava com o papel na máquina e provisoriamente sem assunto. Inventou que eu descia de um reluzente Rolls Royce com uma loura suspeita, mas equivalente à suntuosidade do carro. Um guarda nos deteve, eu tentei subornar a autoridade com dinheiro, o guarda não aceitou o dinheiro, preferiu a loura. Eu fiquei sem a multa e sem a mulher. Nelson não ficou sem assunto.

(Carlos Heitor Cony, Folha de S. Paulo, 02/01/98)

A Crônica Esportiva

O país do futebol produziu alguns cronistas esportivos da mais alta estirpe. Gente que soube transformar esse delírio e arte brasileiros em matéria de literatura. Talvez o caso mais notável seja o de Nelson Rodrigues, mas outros famosos usaram o esporte com os pés como assunto: Graciliano Ramos, Lima Barreto, João do Rio, Paulo Mendes Campos, Fernando Sabino, apenas para citar alguns. Ressalte-se que os dois primeiros da relação eram inimigos mortais do esporte bretão.

Além desses nomes nacionais, há cronistas locais que souberam também fazer do futebol arte na literatura. É o que acontece com Ruy Carlos Ostermann, cronista gaúcho, que trabalhou nas duas maiores empresas de comunicação do sul do país: a Caldas Júnior e a RBS.

Abaixo, você se deliciará com esta crônica sobre um Grenal do passado, Grenal que é o maior acontecimento esportivo do Rio Grande do Sul.

O primeiro Grenal foi numa tarde muito antiga e bastante imprecisa nos detalhes. Me trouxeram pela mão, me largaram de pé, junto a uma trave do parapeito. E não me lembro de mais nada, sequer do cheiro de éter. Era o tempo da burra inocência. Depois, sim, fui me educando, até que um dia mandaram escrever uma crônica de Grenal. Pedissem para escrever sobre touradas, pedicures, Maria Degolada, e eu seria ainda um assustado aprendiz de jornalista, mas a caminho do trabalho, perguntas organizadas, abertura de texto já começando a ser pensada. Mas o Grenal era um pouco de mais. Estavam, sem saber, me quebrando a espontaneidade de vê-lo, queriam que eu o examinasse com frieza e método. Claro, como sempre, eu era um exagerado. Estavam me pedindo menos. Me pediram que falasse dos gols, das jogadas, que desse os destaques. E não esquecesse os detalhes.

Essa palavra sempre me perseguiu, os detalhes. Na crônica de uma partida de futebol ela não queria dizer nada. Detalhes era o nome do juiz, dos auxiliares, a renda, os times e o tempo dos gols. Detalhes era um texto pequeno, substantivado, que no geral os editores colocavam num canto de página. Eram importantes os detalhes, mas não tanto, e a sua triste justificativa era esta: sempre havia quem quisesse ler tudo.

Mas nos detalhes, me esquecia, e isso é imperdoável, entravam também, sem qualquer provocação aparente, as anormalidades. Um jogo de futebol podia ter uma anormalidade, isso a princípio me intrigou. Uma anormalidade é um fato grave, decisivo. Mas não era, eu ainda não tinha aprendido a curiosa semântica do futebol, ou da literatura do futebol. As palavras não precisam ser exatamente o que as palavras estão dizendo. Elas podem, por exemplo, dizer uma coisa bem simples. As anormalidades não eram um defeito, uma ruptura do Ego, uma deformação do caráter de uma partida de futebol. Era, na verdade, coisas muito simples. O juiz não deu dois minutos de desconto na partida, uma anormalidade. O time entrou com atraso no campo, outra. As anormalidades, aprendi de uma vez para sempre numa manhã do Ghilosso, eram entidades perfeitamente sociáveis. Não passavam de uma amável correção da realidade. É verdade, às vezes elas eram quase sinistras. Mas então não eram mais chamadas de anormalidades. Ganhavam outro lugar no jornal, e até passavam para um colega de maior experiência. A perna quebrada, por exemplo.

Daquele tempo até esta tarde de domingo nem passou tanto tempo como possa estar imaginando o leitor. Foram dez anos talvez, não me lembro mais. O Grenal foi me ensinando a enfrentar um pouco a vida, a conhecer as pessoas, e se o futebol não é como a tourada, que permitiu os melhores textos de Hemingway, porque o futebol não lida com a contraposição rigorosa da vida e da morte (e este é o único tema digno da literatura), ele tem uma nobreza diante da vida que não desmerece a preocupação de entendê-lo. E se é certo que na Inglaterra em 66 eu tive de reavaliar alguns conceitos provincianos para me ajustar rapidamente a uma nova realidade – um futebol científico, rigoroso, elaborado por etapas sucessivas, o magnífico espetáculo de uma ação coletiva exaltando o indivíduo – o Grenal é a forma precisa da minha relação com Porto Alegre, com as pessoas que moram em Porto Alegre, e que vêm do interior para Porto Alegre como eu mesmo fiz, sei lá quantas vezes, deslumbrado e bobo diante do entusiasmo uniforme e imenso do público. Não é apenas um jogo de futebol, é uma recriação, uma vitória da imaginação e um engrandecimento pessoal. E estas solidificações que foram se acumulando hoje me fazem um cara feliz, comprometido com esta realidade que exige uma alta definição das pessoas, o nobre jogo da bola.

(Ruy Carlos Ostermann, Correio do Povo, 20/05/73)

Proposta de Questão

7. São propostas as seguintes afirmações acerca do texto.

I) O cronista concorda com o fato de que é possível escrever sobre o Grenal com frieza e método.

II) O autor deveria relatar os detalhes do jogo, que eram os fatos graves e decisivos da partida.

III) O autor exalta o futebol como arte e como maneira de entender as pessoas.

IV) O texto é metalinguístico, porque o cronista aborda a própria crônica como tema.

Assinale a opção correta:

A) Apenas I é verdadeira.
B) Apenas III é verdadeira.
C) Apenas I, III e IV são verdadeiras.
D) Apenas III e IV são verdadeiras.
E) Apenas IV é verdadeira.

Comentários:

Resposta D. Em I, o autor justamente se opõe à frieza, essa afirmação contradiz o texto. Um Grenal é, para o autor, muito mais do que apenas a mecânica da partida, com seus detalhes, anormalidades ou acidentes.

Em II, há permuta, troca de afirmações, pois fatos graves, na semântica do futebol, são as anormalidades.

A Metalinguagem

No texto, o autor faz uma interessantíssima reflexão sobre a crônica esportiva, ou seja, trata-se de uma crônica esportiva refletindo sobre crônica esportiva. Temos aqui claramente o que seja a metalinguagem: o texto abordando o seu fazer. Seria o mesmo que o poeta abordando como é fazer poesia, ou sobre a poesia em si.

Mario Quintana emprega variadamente reflexões sobre a poesia, sobre a arte de fazer poesia, sobre o poeta construindo seu verso. Foi exatamente isso que ocorreu neste exemplo tirado do livro *Esconderijos do Tempo*.

Os Poemas

Os poemas são pássaros que chegam
não se sabe de onde e pousam
no livro que lês.
quando fechas o livro, eles alçam voo
como de um alçapão.
Eles não têm pouso
nem porto
alimentam-se um instante em cada par de mãos
e partem.
E olhas, então, essas tuas mãos vazias,
no maravilhado espanto de saberes
que alimento deles já estava em ti...

Observe-se essa sequência de questões do ENEM, que tratam justamente da metalinguagem.

8. O abolicionista Joaquim Nabuco fez um resumo dos fatores que levaram à abolição da escravatura com as seguintes palavras:

> "Cinco ações ou concursos diferentes cooperaram para o resultado final: 1º) o espírito daqueles que criavam a opinião pela ideia, pela palavra, pelo sentimento, e que a faziam valer por meio do Parlamento dos *meetings* [reuniões públicas], da imprensa, do ensino superior, do púlpito, dos tribunais; 2º) a ação coercitiva dos que se propunham a destruir materialmente o formidável aparelho da escravidão, arrebatando os escravos ao poder dos senhores; 3º) a ação complementar dos próprios proprietários, que, à medida que o movimento se precipitava, iam libertando em massa as suas 'fábricas'; 4º) a ação da política dos estadistas, representando as concessões do governo; 5º) a ação da família imperial."
>
> *(Joaquim Nabuco. Minha formação.*
> *São Paulo: Martin Claret, 2005. p. 144 (com adaptações)*

Nesse texto, Joaquim Nabuco afirma que a abolição da escravatura foi o resultado de uma luta

A) de ideias, associada a ações contra a organização escravista, com o auxílio de proprietários que libertavam seus escravos, de estadistas e da ação da família imperial.

B) de classes, associada a ações contra a organização escravista, que foi seguida pela ajuda de proprietários que substituíam os escravos por assalariados, o que provocou a adesão de estadistas e, posteriormente, ações republicanas.

C) partidária, associada a ações contra a organização escravista, com o auxílio de proprietários que mudavam seu foco de investimento e da ação da família imperial.

D) política, associada a ações contra a organização escravista, sabotada por proprietários que buscavam manter o escravismo, por estadistas e pela ação republicana contra a realeza.

E) religiosa, associada a ações contra a organização escravista, que fora apoiada por proprietários que haviam substituído os seus escravos por imigrantes, o que resultou na adesão de estadistas republicanos na luta contra a realeza.

(Exame, 28/9/2007)

9. Entre os seguintes ditos populares, qual deles melhor corresponde à figura acima?

A) Com perseverança, tudo se alcança.
B) Cada macaco no seu galho.
C) Nem tudo que balança cai.
D) Quem tudo quer tudo perde.
E) Deus ajuda quem cedo madruga.

10. Ao visitar o Egito do seu tempo, o historiador grego Heródoto (484-420/30 a.C.) interessou-se por fenômenos que lhe pareceram incomuns, como as cheias regulares do rio Nilo. A propósito do assunto, escreveu o seguinte:

"Eu queria saber por que o Nilo sobe no começo do verão e subindo continua durante cem dias; por que ele se retrai e a sua corrente baixa, assim que termina esse número de dias, sendo que permanece baixo o inverno inteiro, até um novo verão.

Alguns gregos apresentam explicações para os fenômenos do rio Nilo. Eles afirmam que os ventos do noroeste provocam a subida do rio, ao impedir que suas águas corram para o mar. Não obstante, com certa frequência, esses ventos deixam de soprar, sem que o rio pare de subir da forma habitual. Além disso, se os ventos do noroeste produzissem esse efeito, os outros rios que correm na direção contrária aos ventos deveriam apresentar os mesmos efeitos que o Nilo, mesmo porque eles todos são pequenos, de menor corrente."

(Heródoto. História (trad.). livro II, 19-23. Chicago: Encyclopaedia Britannica Inc. 2ª ed. 1990, p. 52-3 (com adaptações).

Nessa passagem, Heródoto critica a explicação de alguns gregos para os fenômenos do rio Nilo. De acordo com o texto, julgue as afirmativas abaixo.

I) Para alguns gregos, as cheias do Nilo devem-se ao fato de que suas águas são impedidas de correr para o mar pela força dos ventos do noroeste.

II) O argumento embasado na influência dos ventos do noroeste nas cheias do Nilo sustenta-se no fato de que, quando os ventos param, o rio Nilo não sobe.

III) A explicação de alguns gregos para as cheias do Nilo baseava-se no fato de que fenômeno igual ocorria com rios de menor porte que seguiam na mesma direção dos ventos.

É correto apenas o que se afirma em
A) I.   B) II.   C) I e II.   D) I e III.   E) II e III.

Parte 2

As questões de múltipla escolha

Um texto dissertativo, de discussão de ideias, por princípio básico, possui objetivos, fundamentos. O autor busca expor seu ponto-de-vista e convencer o leitor dele.

Nesse sentido, é relevante observar como o enunciado de boa parte das questões de interpretação traz o seguinte comando: de acordo com o autor, ou outro semelhante. Em última instância, isso quer dizer que o leitor deve se limitar ao que está no texto, às fronteiras textuais.

Nenhum texto, por mais importante e genial que possa ser, é completo. Há ideias subentendidas, há aspectos não citados e não ditos.

Logo, é fundamental a observação do que segue:

Há em todos os textos
1º – ideias reveladas explicitamente pelo autor;
2º – ideias implícitas, que podem ser depreendidas a partir do texto, ou seja, o texto autoriza a tirar conclusões determinadas;

3º – ideias não ditas e não autorizadas a dizer, a partir do texto, mas que podem ser verdades fora do texto. Trata-se de realidade externa ao texto;

4º – ideias não autorizadas pelo texto, nem explícitas nem implicitamente – além disso, são inverdades fora do texto também.

Assim, para testar a atenção do candidato e a sua capacidade de apreender o significado textual, o examinador tentará, por todas as vias, projetar o leitor além das fronteiras do texto, armando atrativos fora da argumentação do autor.

Vamos a exemplos:

Texto 1

O Gene da Fidelidade

Cientistas americanos conseguiram transformar uma espécie promíscua de rato em um parceiro fiel. Para tanto, bastou alterar um único gene da cadeia de DNA do roedor. Mais precisamente o que determina a absorção pelo cérebro de um hormônio: a vasopressina. A experiência tem consequências fantásticas para a ciência porque é a primeira vez que se prova que apenas um gene determina mudanças em um comportamento social tão complexo. O trabalho foi divulgado na revista científica Nature. Mas seus autores, cientistas da Universidade

Emory (EUA), advertem que não se pode transportar este tipo de conclusão para os humanos. "Na cultura humana, a experiência acumulada e certos valores têm muito mais influência no comportamento." De todo modo, creem que a descoberta pode ajudar a entender doenças mentais como o autismo, o mal de Alzheimer, talvez, a esquizofrenia. O próximo passo da equipe, então, é o de estudar a genética da vasopressina nos primatas, incluindo os homens.

(Veja 25/08/99)

Como interpretar

As Vozes Textuais

Além de saber o que foi dito, é relevante perceber quem disse. O texto, qualquer texto, possui vozes e identificá-las acaba por se tornar o ponto inicial para o trabalho de compreensão textual.

Essa nota na revista é redigida baseada exclusivamente nos fatos. Nesse sentido, as fontes estão expressas: em primeiro lugar, o redator deixa claro que são cientistas americanos (bem ao começo); depois, assinala a fonte da informação, que é a revista Nature. Na sequência, coloca uma afirmação entre aspas atribuindo aos cientistas, curiosamente como se fossem apenas um corpo único, uma única voz.

Dessa maneira, quem escreveu a matéria não expressa opinião e quase não é percebido. Não é, assim, um texto de autoria – há pouco autor, uma vez que ele apenas é um instrumento para a notícia.

O assunto tratado relata uma experiência com ratos e suas possíveis consequências na utilização em humanos. Essas consequências, atente bem o leitor, são meras suposições, possibilidades. Finaliza com o próximo passo dos pesquisadores.

Logo, há um fato e seus desdobramentos. Ao cobrar a compreensão, pode-se tentar confundir o leitor nas suposições.

"Desse modo, creem que a descoberta *pode* ajudar a entender as doenças mentais como o autismo, o mal de Alzheimer e, *talvez*, a esquizofrenia".

Há dois marcadores de dúvidas e possibilidades: o verbo *poder* e a palavra *talvez*.

Vejamos uma possível questão:

1. Julgue os itens abaixo a respeito do texto e marque **C** ou **E**.

1) No texto, o autor afirma que essa descoberta é revolucionária, porque pode resolver os casos de autismo e do mal de Alzheimer.
2) Essa descoberta só fará sentido se aplicada ao homem.
3) A descoberta é fantástica pelo fato de provar pela primeira vez, que um gene apenas determina mudanças no comportamento social.
4) Transportar a descoberta para os humanos não é possível, porque a cultura do homem é complexa, o que invalida a descoberta.
5) A partir das informações contidas no texto, pode-se depreender que a utilização de animais em experiências desse gênero é um ato de insensibilidade.
6) A transformação do comportamento dos ratos (de promíscuos em fiéis) foi determinada pela alteração de um único gene, logo foi extremamente óbvia, o que fica provado pelo uso do verbo *bastar*.

✍ Comentários

1) Há a possibilidade de resolver estas doenças, apenas a possibilidade. No entanto, não foi o autor do texto, desconhecido por nós, que afirmou isso: foram os cientistas. O autor não emite opinião. **E**
2) Essa afirmação não está na nota da revista. Ela extrapola a realidade textual. **E**
3) Afirmação simples, porque está dito dessa mesma maneira no texto. **C**
4) A primeira parte da assertiva está correta. Mas cuidado, a conjunção *porque* traz uma causa incorreta. O texto não aborda a inutilidade da descoberta. Essa conclusão está fora da realidade textual, além de ser errada. **E**
5) A questão do uso ou não de cobaias animais em experimentos científicos extrapola, novamente, a realidade textual. O candidato articulado pode querer entrar nessa discussão, não percebendo que isso é *o não-texto*. **E**
6) Inferência equivocada. **E**

Texto 2

Vale tudo para não se envolver.

No livro "States of Denial", que acaba de ser lançado na Grã-Bretanha e nos Estados Unidos, Stanley Cohen expõe as conclusões a que chegou depois de décadas estudando as estratégias por meio das quais cidadãos comuns, governos e até sociedades inteiras fecham os olhos para o sofrimento do próximo. O tema é amplo. Cohen analisa desde o cidadão comum que percorre um caminho mais longo só para não ter que passar em frente a um grupo de moradores de rua até os governos que acobertam atrocidades cometidas por grupos étnicos dominantes a fim de transmitir ao mundo exterior a impressão de que não há nada de errado no país. Seu objetivo é construir o que chama de "sociologia da negação", abordando o ato de ignorar o sofrimento do próximo como um fenômeno político e social.

A principal conclusão é que a tendência de negar realidades desagradáveis constitui a regra em qualquer sociedade. "Não podemos viver lembrando a todo o momento que milhares de crianças estão morrendo de fome", afirma Cohen. O que o intriga não é existir gente que finge que um problema não existe. O mistério está no fato de que cidadãos acima de qualquer crítica não admitam ter consciência de que é preciso fazer algo para mitigar o sofrimento de outros. (...)

Mas há exemplos bem mais próximos do dia-a-dia de uma sociedade moderna e democrática. Como a relação que as classes mais privilegiadas do Brasil mantêm com o grande número de assassinatos de crianças de rua. Trata-se de uma realidade amplamente documentada e da qual ninguém pode dizer que jamais ouviu falar. Mesmo assim, a maioria procura não admitir que é preciso se mexer e enfrentar o problema – o que, em última análise, exige envolvimento.(...)

Cohen nasceu na África do Sul e morou por mais de 12 anos em Israel, podendo presenciar as estratégias pelas quais pessoas "de bem" faziam vistas grossas ao tratamento relegado aos negros no tempo do apartheid e aos palestinos durante a Intifada dos anos 80. Além de estudar o assunto, o professor de sociologia da London Scholl of Economics está constantemente engajado, acompanhando o trabalho de comissões de reconciliação em países como África do Sul e Chile. Com base em seu engajamento, Cohen admite que é impossível abraçar todas as causas. Em sua opinião, ninguém deve achar que vai conseguir acabar com as atrocidades sozinho. O que considera inaceitável é que os "estados de negação" que existem na sociedade e na cabeça das pessoas impeçam qualquer tipo de ação com o fim de tornar o mundo menos desumano.

(Rodrigo Amaral, Gazeta Mercantil 19 e 20/05/2001- texto adaptado)

2. Assinale **C** para as afirmativas certas e **E** para as erradas. Considerando o texto, julgue os itens a seguir.

1) A sociedade e os cidadãos fecham os olhos para o sofrimento alheio, no entanto isso é muito mais grave quando um governo o faz, pelas consequências e repercussões mais profundas que representa.
2) O objetivo dos governos é instituir uma "sociologia da negação" como forma de proteção do país.
3) Para o autor do livro em pauta, o que o incomoda é o fato de as pessoas fingirem não haver problemas.
4) Cidadãos acima de qualquer crítica poderiam diminuir o sofrimento dos outros.
5) A experiência do professor de sociologia o credencia a fazer esse exame.
6) O autor do livro em questão dá exemplos próximos, do cotidiano, para sustentar sua tese.
7) As pessoas não querem se envolver, porque isso exige tempo, que elas não têm.
8) O sociólogo sugere formas de envolvimento que poderiam ser tomadas pelas pessoas.
9) Se é importante fazer algo para diminuir o sofrimento alheio, também não se pode imaginar que sozinhas as pessoas podem resolver todos os problemas.
10) O último parágrafo do texto dá mais autoridade ao autor do livro, por sua experiência no assunto em questão.
11) Negar a existência dessas tragédias cotidianas é uma forma de proteção do homem.

📝 Comentários

Novamente temos um texto de pouco autor. O jornalista Rodrigo Amaral não entrevistou o sociólogo, ao que parece tirou as informações da matéria apenas do livro. Diferente do texto 1, o texto 2 tem mais presença do autor-redator. Apesar de estar referindo-se ao sociólogo e atribuindo a ele as informações e as opiniões do autor do livro, há, em determinados momentos, confusão entre a voz do autor-jornalista e do sociólogo. Quando o texto se refere às crianças de rua no Brasil, não fica claro se o exemplo partiu do jornalista-redator ou de Cohen.

Portanto, o leitor deve estar ciente de que as vozes do texto, muitas vezes, confundem-se.

1) Segundo o texto, não há distinção nas formas de negação ao sofrimento alheio praticadas pelo cidadão, pela sociedade e pelos governos. Qualquer conclusão nesse sentido está fora do texto, podendo, até mesmo, ser verdadeira, mas o texto não permite essa inferência. **E**
2) Aqui o que se buscou é confundir o leitor com as vozes do texto. O objetivo revelado é o do sociólogo. **E**
3) De acordo com o texto, o que mais intriga Cohen é o fato de as pessoas acima de qualquer crítica não admitirem ter consciência de que algo precisa ser feito. **E**
4) Assertiva verdadeira, está afirmado categoricamente no texto. **C**
5) O fato de Cohen ter nascido na África do Sul e morado tanto tempo em Israel dá, indiscutivelmente, a ele autoridade para discutir o problema. **C**
6) O exemplo dos assassinatos de menores de rua é próximo e convincente no plano argumentativo. **C**
7) A causa do não-envolvimento não é a questão do tempo, aspecto este nem ao menos mencionado pelo sociólogo. **E**

8) O autor do livro não sugere formas de envolvimento. Isso é o não-texto, ou seja, não há menção disso na matéria jornalística. **E**
9) Essa ponderação é importante. O leitor pode se sentir obrigado ao envolvimento com todos os problemas que o circundam. **C**
10) Trata-se do currículo do autor do livro. **C**
11) O autor afirma que não poderíamos viver lembrando a todo momento que milhares de crianças estão morrendo de fome. **C**

Ideia Central e Ideias Convergentes

Os textos, de um modo geral, trabalham com um sentido convergente: há ideias periféricas cujo único objetivo é dar sustentação à central. Desse modo, o sociólogo, pela matéria do jornalista, mostra que as sociedades e governos se omitem em buscar soluções às camadas enjeitadas do sistema. A forma encontrada para tanto é fazer vistas-grossas às mazelas cotidianas. A experiência de Cohen, o fato de publicar o livro em si, são informações secundárias.

A boa interpretação exige do candidato que ele examine os textos por esse prisma, assinalando a ideia central e as periféricas. Na prática, o candidato deve sublinhar os trechos relevantes. De modo geral, a ansiedade por chegar às alternativas acaba se constituindo em fato negativo, pois apenas um exame detalhado dos vários meandros do texto garantirá boa interpretação. A pressa poderá levar o leitor a enganos desastrosos.

Você deve lembrar que a interpretação com afirmações prontas é, sobretudo, teste de atenção.

Texto 3
Guga poderia virar um assassino?

Dois jovens, quase a mesma idade, poucos meses de diferença, comoveram, na semana passada, o Brasil. Um deles é branco, 23 anos, ganhou fama com uma raquete de tênis na mão. Outro, negro, 22 anos, ganhou fama com um revólver na mão.

Na segunda-feira, Gustavo Kuerten, o Guga, cercado de fãs, se deixava fotografar em frente à Torre Eiffel, com o troféu que levou no torneio de Roland Garros, que projetou-o para o primeiro lugar do ranking mundial – e o deixou U$ 600 mil mais rico.

Naquele mesmo dia, Sandro do Nascimento, cercado de policiais, depois de um atabalhoado sequestro, era jogado num camburão, onde morreu sufocado – ele queria R$ 1 mil.

Ambos foram acompanhados, minuto a minuto, em tempo real, seja na quadra de tênis ou no ônibus. Cada qual ficou em seu palco, quase quatro horas, conectados pela TV. Mas o suspense provocado pela raquete de Guga, nas quase 4 horas que precisou para derrotar o adversário, nos ensina sobre o que melhor podemos ser, graças à união da técnica, talento e perseverança.

O suspense de Sandro, também quatro horas no ônibus em que tinha o mundo como adversário e uma refém nos braços, nos ensina sobre o que pior podemos ser, graças à união da falta de técnica, despreparo e omissão.

Pelo seu jeito desengonçado, Guga não inspirava confiança quando ganhou pela primeira vez Roland Garros e rompeu a barreira do anonimato.

Sandro nunca inspirou confiança e só rompeu a barreira do anonimato quando sequestrou, matou e foi assassinado – seu único dia de notoriedade foi também seu último dia de vida, ele que escapara da notória chacina da Candelária.

Se, numa hipótese absurda, jogássemos Guga, naquele mesmo ano em que nasceu, no ambiente que levou Sandro para a rua, provavelmente estaria preso ou morto. Guga chegou aonde chegou porque recebeu apoio, estímulo e orientação.

Vimos, pela TV, que, encerrado o jogo, domingo passado, ele quis saber onde estava seu técnico e, estilo menino travesso, subiu as cadeiras para abraçá-lo.

Nas saudações, falou de seus familiares e, num simpático gesto provinciano, mandou pelas câmeras beijos para os parentes.

Sabia que, por trás do troféu, estavam os familiares e o técnico.

Todo grande vencedor tem uma grande dívida com alguém que o ajudou a prosperar.

Sandro chegou aonde chegou porque, ao contrário, lhe faltou apoio, estímulo e orientação. Não teve ajuda da família, da escola ou de instituições públicas. Pior, elas apenas serviram para marginalizá-lo, mantendo-o deseducado e, por consequência, desempregado.

Por trás do corpo asfixiado estava a família desestruturada, devastada pela violência e drogas.

Todo grande derrotado também tem um grande crédito com alguém ou algo que o ajudou a afundar.

Nessa quadra chamada Brasil, Guga e Sandro estavam divididos exatamente pelas linhas que incluem e excluem, que dão ou tiram chances, que fazem prosperar ou regredir. A quadra que faz derrotados e perdedores.

Se temos mais medo e vergonha do Brasil do que orgulho e confiança é porque nossas linhas divisórias criam mais espaço para gerar Sandros do que Gugas.

Desemprego, subemprego, baixos salários, educação pública ruim, políticas públicas indigentes para recuperar jovens, tratar drogados e assessorar famílias desestruturadas são os fatores que empurraram o transtornado Sandro para dentro daquele ônibus, no Jardim Botânico.

Os números mostram, com clareza, como o desemprego atinge, mais pesadamente, em particular aqueles com baixa escolaridade.

E também mostram como a renda está caindo especialmente nas regiões metropolitanas.

Deterioração das regiões metropolitanas, baixa escolaridade, desemprego acentuado entre os jovens são as linhas dessa quadra de exclusão.

Nesse jogo da morte, não há polícia que, de fato, funcione. Nem prisão que abrigue tantos delinquentes.

Vamos seguir produzindo mais chances de Sandros do que Gugas.

Somos, enfim, uma nação de perdedores.

(Gilberto Dimenstein, Folha de S. Paulo)

✍ Comentários

Estamos diante de outro texto, bem distinto dos anteriores. Observe que agora não temos uma nota de jornal, ou uma entrevista. Existe apenas uma voz dominante no texto – a do autor. Logo, chamaremos de *texto de autoria*: trata-se de um artigo, opinativo, argumentativo. O autor está explícito, aparece na superfície do texto, não se deixa ficar nas entrelinhas. Ele se destaca e tem como fundamento convencer o leitor de sua opinião. Para tanto, usa recursos ricos e variados a fim de conseguir seu objetivo.

O texto 3, portanto, é mais rico para uma análise, mais complexo, mais subjetivo.

Dos Recursos Empregados

Dimenstein teve a felicidade de unir duas realidades opostas. Para isso, fez, durante boa parte do artigo, comparações dos dois personagens. A fim de empregar mais coesão, usa linguagem conotativa: a vida é uma quadra, um jogo de tênis.

No plano frasal, emprega períodos curtos, telegráficos, como *flashes* televisivos. O texto vai num crescendo, saindo dos personagens e evoluindo para a generalização.

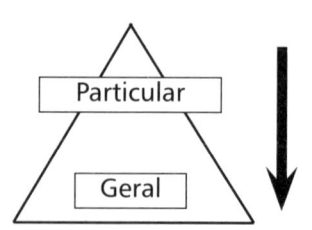

[Diagrama: triângulo contendo "Particular" na parte superior e "Geral" na parte inferior, com uma seta apontando para baixo ao lado]

Toma a forma de causalidade (causa e consequência). Busca retratar a situação dos personagens como consequência da estrutura social, familiar a que estavam submetidos. Entretanto, Sandro e Guga não são os objetivos do autor. Ele apenas os usou para chegar ao centro nervoso de seu texto: a exclusão social, a miséria, ou seja, as mazelas de um país pobre.

Deve ficar claro ao leitor que o texto possui ideias secundárias que convergem para a central, objetivo mesmo do autor. Dimenstein já tinha ideias claras sobre a tese defendida, apenas o episódio dos dois personagens foi útil para reproduzi-los como exemplos.

Parte 3

As Armadilhas

Basicamente, são estes os tipos de questões com os quais o candidato se defronta:

Tipos de Questões de Interpretação
1) Falso ou Verdadeiro
2) Ideia Central
3) Vocabulário
4) Estrutura
5) Inferência

A primeira quer saber o que é falso ou verdadeiro, não se trata da ideia mais importante ou central. No segundo caso, pode haver várias verdadeiras, apenas uma será a central. As questões de vocabulário, em boa parte, sugerem substituições de palavras. A de estrutura exigirá do candidato a compreensão das partes do texto, dissecando-o, parágrafo por parágrafo. Talvez a mais complexa seja a de inferência, porque são ideias que o autor nos autoriza, conclusões a que podemos chegar. Logo, fique atento ao enunciado da questão.

Vejamos alguns exemplos:

> Diversamente da tortura perpetrada durante o regime militar, que era orientada por critérios político-ideológicos, a tortura na era da democratização orienta-se fundamentalmente por critérios socioeconômicos, com forte componente étnico-racial, à medida que suas vítimas preferenciais, conforme relatórios das ouvidorias de Polícia, são os jovens negros e pobres.

Falso ou Verdadeiro

1. Marque F ou V, conforme o texto.
- A) A tortura na época da democratização existe exclusivamente por critérios sociais e econômicos.
- B) A tortura durante o regime militar era mais grave do que o é presentemente.
- C) A tortura na era da democratização é mais perversa, porque pressupõe a discriminação.
- D) Na era da democratização, os critérios políticos e ideológicos mostram-se mais importantes que os socioeconômicos.

Ideia Central

2. Qual seria o melhor título para o texto?
- A) Tortura nos Regimes de Força
- B) A Discriminação contra o Negro e o Pobre
- C) Tortura: uma constante em nossa sociedade.
- D) A Democratização e a Censura
- E) Polícia e Tortura

Inferência

3. Podemos inferir do texto que
- A) A tortura esteve presente no regime militar e prossegue hoje, apenas com outros critérios.
- B) Os militares não tinham discriminação contra os negros, interessavam-se apenas pelos critérios ideológicos.
- C) As democracias são piores, no fundo, que as ditaduras, pois escondem a tortura.
- D) Democracia e ditadura, no fundo, são regimes iguais.
- E) É mais fácil torturar os presos durante a ditadura.

Vocabulário

4. A palavra *perpetrada* poderia ser substituída por
- A) imaginada
- B) realizada
- C) organizada
- D) decidida
- E) escondida

Comentários

Observemos o texto atentamente. Há uma comparação entre dois tipos de tortura: nas democracias e nos regimes de força. Porém o autor não emite um juízo final e definitivo: Em qual dos regimes é pior ou melhor? Isso está fora da realidade textual – e fica por conta de nossa compreensão.

Na questão dois, temos a sugestão de títulos. Ora, o título deve trazer a ideia mais importante. Nesse sentido, se o autor aborda a tortura, essa palavra deverá estar inserida no título.

Se podemos estabelecer tipos de questões de interpretação de textos, igualmente podemos definir quais as armadilhas usuais empregadas para confundir o candidato.

Armadilhas

Maximização

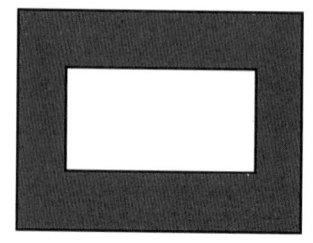

Minimização

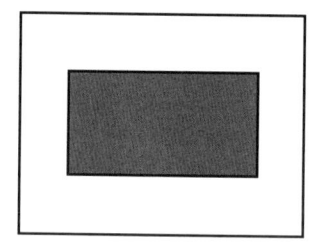

Atente para os gráficos. Imagine que a realidade está representada pela figura cinza. Ao elaborar as questões, o professor pode reduzir a realidade do texto (minimização) ou aumentá-la. A área branca representa a armadilha.

Inversão

$$\boxed{+ \qquad -}$$

Imagine uma pilha: ela terá polo positivo e negativo. Ideia semelhante ocorre com a verdade textual. Se invertermos os polos, teremos a chamada *inversão*, outra falácia para testar a atenção do candidato.

Temos ainda a oposição, que nada mais é do que afirmar a ideia contrária à do texto. A verdade é o lado A, no entanto, sempre que tivermos o lado A, obrigatoriamente teremos o oposto, o lado B. São duas faces do mesmo jogo: Deus e o diabo.

Oposição

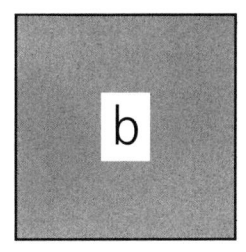

Vejamos alguns exemplos de armadilhas:
Atente ao texto da prova da UFSC :

> "Antes de mais nada, acho que querer ser milionário não é um bom objetivo na vida. Meu único conselho é: ache aquilo que você realmente ama fazer. Exerça atividade pela qual você tem paixão. É dessa forma que temos as melhores chances de sucesso. Se você faz algo de que não gosta, dificilmente será bom. Não há sentido em ter uma profissão somente pelo dinheiro."
>
> DELL, Michael. O mago do computador. Veja, São Paulo, n. 25, p. 11-15, 26 jun. 2002. Entrevista concedida a Eduardo Salgado.

UFSC
5. Sobre o Texto, assinale o que for CORRETO.

01) Depreende-se, pela leitura do texto, que querer ser milionário é ruim, pois este desejo é incompatível com o amor pelo trabalho.
02) Para o autor, as chances de sucesso em uma profissão dependem da paixão com que ela é exercida.

UFRGS
6. Assinale a alternativa correta segundo o texto:

> No Brasil colonial, os portugueses e suas autoridades evitaram a concentração de escravos de uma mesma etnia nas propriedades e nos navios negreiros.
>
> Essa política, a multiplicidade linguística dos negros e as hostilidades recíprocas que trouxeram da África dificultaram a formação de núcleos solidários que retivessem o patrimônio cultural africano, incluindo-se aí a preservação das línguas.
>
> Os negros, porém, ao longo de todo o período colonial, tentaram superar a diversidade de culturas que os dividia, juntando fragmentos das mesmas mediante procedimentos diversos, entre eles a formação de quilombos e a realização de batuques e calundus. (...).
>
> As autoridades procuraram evitar a formação desses núcleos solidários, quer destruindo os quilombos, que causavam pavor aos agentes da Coroa – e, de resto, aos proprietários de escravos em geral –, quer reprimindo os batuques e os calundus promovidos pelos negros. Sob a identidade cultural, poderiam gerar uma consciência danosa para a ordem colonial. Por isso, capitães-do-mato, o Juízo Eclesiástico e, com menos empenho, a Inquisição foram colocados em seu encalço.
>
> Porém alguns senhores aceitaram as práticas culturais africanas – e indígenas – como um mal necessário à manutenção dos escravos. Pelo imperativo de convertê-los ao catolicismo, ainda, alguns clérigos aprenderam as línguas africanas, como um jesuíta na Bahia e o padre Vieira,

ambos no Seiscentos. Outras pessoas, por se envolverem no tráfico negreiro ou viverem na África – como Matias Moreira, residente em Angola no final do Quinhentos –, devem igualmente ter-se familiarizado com as línguas dos negros.

(Adaptado de: VILLALTA, Luiz Carlos. O que se fala e o que se lê: língua, instrução e leitura. In: MELLO e SOUZA. História da Vida Privada no Brasil. São Paulo: Cia. das Letras, 1997. V1. P.341-342.)

A) Os portugueses impediram totalmente a concentração de escravos de mesma etnia nas propriedades e nos navios negreiros

B) A política dos portugueses foi ineficiente, pois apenas a multiplicidade cultural dos negros, de fato, impediu a formação de núcleos solidários.

C) A única forma que os negros encontraram para impedir essa ação dos portugueses foi formando quilombos e realizando batuques e calundus.

D) A Inquisição não se empenhou em reprimir a cultura dos negros, porque estava ocupada com ações maiores.

E) Apesar do empenho dos portugueses, a cultura africana teve penetração entre alguns senhores e entre alguns clérigos. Cada um, é bem verdade, tinha objetivos específicos para tanto.

Falso ou Verdadeiro

7. Assinale a alternativa que apresenta uma afirmação correta de acordo com o texto.

A) Sendo a cultura negra um mal necessário para a manutenção dos escravos, sua eliminação foi um erro das autoridades coloniais portuguesas.

B) Os religiosos eram autoritários, obrigando os escravos negros a se converterem ao catolicismo europeu e a abandonarem sua religião de origem.
C) As autoridades portuguesas conduziam a política escravagista de modo que africanos de uma mesma origem não permanecessem juntos.
D) As línguas africanas foram eliminadas no Brasil colonial, tendo os escravos preservado apenas alguns traços culturais, como sua religião.
E) A identidade cultural africana, representada pelos batuques e calundus, causava danos às pessoas de origem europeia.

UFRGS

8. Marque a alternativa correta, segundo o texto:

O avanço do conhecimento é normalmente concebido como um processo linear, inexorável, em que as descobertas são aclamadas tão logo venham à luz, e no qual as novas teorias se impõem com base na evidência racional. Afastados os entraves da religião desde o século 17, o conhecimento vem florescendo de maneira livre, contínua.

Um pequeno livro agora publicado no Brasil mostra que nem sempre é assim. Escrito na juventude (1924) pelo romancista francês Louis-Ferdinand Céline, *A Vida e a Obra de Semmelweis* relata aquele que é um dos episódios mais lúgubres na crônica da estupidez humana e talvez a pior mancha na história da medicina.

Ignác Semmelweis foi o descobridor da assepsia. Médico húngaro trabalhando num hospital de Viena, constatou que a mortalidade entre as parturientes, então um verdadeiro flagelo, era diferente nas duas alas da maternidade. Numa delas, os partos eram realizados por estudantes; na outra, por parteiras.

Não se conhecia a ação dos micro-organismos, e a febre puerperal era atribuída às causas mais estapafúrdias. Em 1846, um colega de Semmelweis se cortou enquanto dissecava um cadáver, contraiu uma infecção e morreu. Semmelweis imaginou que o contágio estivesse associado à manipulação de tecidos nas aulas de anatomia.

Mandou instalar pias na ala dos estudantes e tornou obrigatório lavar as mãos com cloreto de cal. No mês seguinte, a mortalidade entre as mulheres caiu para 0,2%! Mais incrível é o que aconteceu em seguida. Os dados de Semmelweis foram desmentidos, ele foi exonerado, e as pias – atribuídas à superstição –, arrancadas.

Nos dez anos seguintes, Semmelweis tentou alertar os médicos em toda a Europa, sem sucesso. A Academia de Paris rejeitou seu método em 1858. Semmelweis enlouqueceu e foi internado. Em 1865, invadiu uma sala de dissecação, feriu-se com o bisturi e morreu infeccionado. Pouco depois, Pasteur provou que ele estava certo.

Para o leitor da nossa época, o interessante é que Semmelweis foi vítima de um obscurantismo científico. Como nota o tradutor italiano no prefácio agregado à edição brasileira, qualquer xamã de alguma cultura dita primitiva isolaria cadáveres e úteros por meio de rituais de purificação. No científico século 19, isso parecia crendice.

(Adaptado de: FRIAS FILHO, Otávio. Ciência e superstição.
Folha de S. Paulo, São Paulo 30 abril de 1998.)

A) O avanço do conhecimento sempre será por um processo linear, do contrário não será avanço.
B) O episódio de Semmelweis é indiscutivelmente a pior mancha na história da medicina.
C) O livro de Céline prova que nem sempre a racionalidade preponderava no cientificismo.
D) A ala dos estudantes apresentava menores problemas de contágio.
E) A rejeição aos métodos de Semmelweis ocorreu em função da inveja comum ao meio.

Vocabulário
Inexorável – inabalável – inflexível
Lúgubre – triste – sombrio – sinistro
Estapafúrdia – extravagante – excêntrico – esdrúxulo
Obscurantismo – oposição ao conhecimento – política de fazer algo para impedir o esclarecimento das massas

Falso ou Verdadeiro

9. Com base no texto, assinale a alternativa correta.
A) Em relação aos povos primitivos, a Europa do século passado praticava uma medicina atrasada.
B) A comunidade científica sempre deixa de reconhecer o valor de uma descoberta.
C) A higiene das mãos com cloreto de cal reduziu moderadamente a incidência de febre puerperal.
D) Semmelweis feriu-se com o bisturi infectado porque queria provar a importância de sua descoberta.
E) Ignorar a redução nas estatísticas obituárias resultante da introdução da assepsia foi uma grande estupidez.

Inferência

10. A partir da leitura do texto, é possível concluir que
A) O livro *A Vida e a Obra de Semmelweis* recebeu recentemente uma cuidadosa tradução para o italiano.
B) A teoria de Semmelweis foi rejeitada porque propunha a existência de micro-organismos, que não podia ser provada cientificamente.
C) A nacionalidade húngara do médico pode ter sido um empecilho para sua aceitação na Europa do século passado.
D) Semmelweis foi execrado pelos seus pares porque transformou a assepsia numa obsessão.
E) Semmelweis enlouqueceu em consequência da rejeição de sua descoberta.

11. Supondo que o leitor não saiba o significado da palavra *xamã*, o processo mais eficiente para buscar no próprio texto uma indicação que elucide a dúvida consistirá em
- A) Considerar que a palavra encontra sua referência na cultura italiana, já que foi empregada pelo tradutor da obra para o italiano.
- B) Observar o contexto sintático em que ela ocorre: depois de pronome indefinido e antes de preposição.
- C) Relacionar o seu significado às palavras leitor e prefácio.
- D) Relacionar o seu significado às expressões cultura dita primitiva e rituais de purificação.
- E) relacionar a palavra a outras que tenham a mesma terminação, como iansã, romã e anã.

UnB/CESPE

Uma ideia muito difundida atualmente é a associação da violência à pobreza. Justificando ou acusando, acredita-se que são as pessoas mais pobres que praticam os crimes, elas são os suspeitos em potencial. Tal associação revela a concepção de criminalidade e os mecanismos de criminalização presentes na nossa sociedade. É esse o assunto que vamos discutir agora.

Na verdade, a associação entre pobreza, violência e criminalidade já existe há algum tempo na história, pois decorre de uma das primeiras consequências do desenvolvimento do capitalismo nas sociedades ocidentais modernas: expulsão do campo de milhares de pessoas sem trabalho, que migraram para as cidades. Rapidamente, o modo de vida urbano passou a ser associado ao perigo, às epidemias, à promiscuidade, à agressão e à criminalidade.

(Andréa Buoro et al. *Violência urbana – dilemas e desafios*.
São Paulo: Atual, 1999, p. 22.)

12. Julgue os itens abaixo, com respeito às relações de causa e consequência presentes no texto.
1) A expulsão de pessoas do campo é uma decorrência da violência e da criminalidade que o capitalismo produz.
2) A associação entre a pobreza e a criminalidade tem como consequência o capitalismo nas sociedades modernas.
3) A migração para as cidades grandes é consequência da violência e da criminalidade no campo.
4) O fato de milhares de pessoas terem sido expulsas do campo sem trabalho é uma decorrência do desenvolvimento do capitalismo em sociedades do ocidente.
5) Em consequência da migração de pessoas sem trabalho do campo para a cidade, o perigo, as epidemias, a promiscuidade, a agressão e a criminalidade foram associados à vida urbana.

UEM-PR

Quem lia os romances românticos?

A prosa literária brasileira começa no Romantismo. Com o gradual desenvolvimento de algumas cidades, sobretudo a do Rio de Janeiro, a cidade da corte, formou-se um público leitor composto basicamente de jovens da classe rica, cujo ócio permitia a leitura de romances e folhetins. Esse público buscava na literatura apenas distração. Torcia por seus heróis, sofria com as heroínas e, tão logo chegava ao final, fechava o livro e o esquecia, esperando o próximo, que lhe ofereceria praticamente as mesmas emoções. O público de hoje substituiu os romances e folhetins pelas telenovelas, mas ainda continua em busca de distração, passando o tempo a torcer e a chorar por seus heróis.

(Apresentação. In: ALMEIDA, *Manuel Antônio de. Memórias de um sargento de milícias*. São Paulo: Moderna, 1993, p.7.)

13. Sobre o texto *Quem lia os romances românticos?*, assinale o que for correto:

01) O livro, para os jovens do Rio de Janeiro, revestia-se de uma imagem perpétua que ficava gravada nas suas mentes.
02) A literatura era uma maneira de distração para o público do Rio de Janeiro.
03) A parcela da população que lia a prosa literária do Romantismo era ampla, abarcando toda a cidade do Rio de Janeiro.
04) O vocábulo "ócio", referindo-se aos jovens da classe rica, pode ser substituído pelo vocábulo "desocupação".
05) Os leitores da atualidade ainda buscam as mesmas emoções dos leitores do Romantismo.

Comentários e Gabaritos

1) A – falsa B – falsa C – falsa D – falsa
2) C; 3) A; 4) B

Questão 5 – UFSC
Havia na questão várias proposições. Dentre elas, essas duas que exigiam a compreensão o texto. Observe-se que um texto pequeno é bem mais fácil de ser analisado. Além disso, esse pequeno trecho extraído de matéria da Veja não apresenta problemas de vocabulário.

A afirmativa *01* traz uma informação externa ao texto. O autor não se refere à incompatibilidade entre querer ser milionário e amar o trabalho.

A afirmação *02* é correta, pois o autor assinala a palavra chance.

Questão 6 – UFRGS
- A) Observe o advérbio *totalmente*. Além disso, o texto usa o verbo *evitar*, a afirmação utiliza *impedir*. Eles são semanticamente bem distintos. Logo, a afirmação exagera, extrapola o texto, é uma maximização. Cuidado com os advérbios!
- B) A afirmativa *b* emprega a palavra *apenas* a multiplicidade cultural dos negros. No texto, foram a multiplicidade e as hostilidades recíprocas. Portanto, a afirmativa *b* reduz a verdade do texto. Trata-se de minimização.
- C) Na afirmativa, há a expressão *a única forma*, e o texto usa *entre eles*. Novamente, temos uma minimização, uma diminuição da verdade textual.
- D) O texto não explica a falta de empenho da Inquisição, dessa maneira a afirmação não está no texto. Trata-se de uma exterioridade. Pode até mesmo ser verdade, mas não está no texto.
- E) Resposta Correta.

Questão 07
- A) O texto não classifica como *erro* das autoridades coloniais. Essa é uma inferência que o leitor poderá fazer por sua conta e risco.
- B) O autoritarismo era dos proprietários de escravos e das autoridades. Busca-se aqui confundir o candidato dizendo que era o autoritarismo dos religiosos. Há uma troca, uma inversão das afirmações do texto. Logo, troca.
- C) Resposta Correta: Essa afirmação está no texto.
- D) A afirmação contradiz o que está no texto. As línguas africanas foram, inclusive, aprendidas por alguns clérigos.
- E) A afirmação exagera a verdade textual. O autor não chega a tanto. Se o candidato chegar a essa conclusão é por sua conta e risco.

Questão 08 – UFRGS

Atente para este texto: trata-se de um artigo jornalístico. Observe como ele atende às características assinaladas na tipologia textual do jornalismo. É importantíssimo observar que esse texto é bem mais complexo que o anterior. Em primeiro lugar, em função do vocabulário; em segundo, porque possui passagens obscuras:
- Não esclarece a razão da experiência do médico ser rejeitada pela comunidade científica;
- também não explica o motivo de o médico húngaro se matar.

Esses pontos obscuros foram explorados na interpretação. Portanto, a boa compreensão do texto, de qualquer texto, passa necessariamente pela observação dos pontos obscuros, do que não foi dito, do não-texto.

A) Observe que o texto usa o advérbio *normalmente*, mas a afirmação emprega *sempre*, mudando a verdade do texto.

B) Novamente, se compararmos com o texto, veremos que o autor afirma que o episódio *talvez* seja a pior mancha da história. Na afirmação, foi usado o advérbio *indiscutivelmente* acrescido de a pior mancha. Trata-se de um exagero, um acréscimo à realidade do texto. Maximização.

C) Resposta Correta: O texto afirma que nem sempre o avanço do conhecimento é um processo linear.

D) A ala dos estudantes apresentava maiores problemas de contágio, pois as pias foram instaladas lá, justamente para lavar as mãos dos estudantes que trabalhavam na dissecação de cadáveres. Inversão.

E) A inveja não é abordada pelo texto, portanto trata-se de uma exterioridade. O vestibulando pode achar verdadeiro, mas a conclusão será pessoal.

Questão 09

Instruções: As questões *9* e *10* devem merecer atenção. Estamos diante de questões de inferências. As alternativas corretas não estão propriamente no texto, mas poderemos chegar facilmente a elas, ou seja, o autor nos autoriza a concluir por elas.

A) O autor não classifica de atrasada a medicina europeia da época.
B) Novamente o advérbio colocado para trair a atenção do aluno: sempre. Trata-se de um acréscimo, maximização.
C) Não foi *moderadamente*. De novo o advérbio. Veja como as armadilhas são sempre as mesmas. Se você as conhecer, ficará bem mais fácil chegar à resposta correta. Temos aqui a minimização. No entanto, não foi a febre puerperal, mas a mortalidade. Logo, há também inversão.
D) O texto simplesmente diz que ele se feriu. Não dá as causas.
E) Resposta Correta: Foi de fato uma estupidez. Essa é uma conclusão possível do texto. Observe que o autor declara: "Mais incrível é o que aconteceu em seguida".

Questão 10

A) O livro foi recentemente publicado no Brasil.
B) Os micro-organismos eram desconhecidos à época. Essa alternativa é perigosa, pode confundir o aluno.
C) Não há referência sobre essa afirmação. Os motivos, como já vimos, foram outros.
D) Semmelweis foi execrado por ter sido desmentido e por suas descobertas serem atribuídas à superstição. No entanto as causas reais, de fundo, não estão esclarecidas no texto.
E) Resposta Correta: É a única conclusão possível entre as alternativas. Muitas vezes o candidato terá de buscar a melhor resposta. De todo modo, o texto nos leva a essa conclusão.

Questão 11

É muito comum as provas de Português trazerem questões relacionadas a vocabulário. Aqui houve uma bem original, em que se exigia o procedimento do candidato para encontrar o significado de palavra desconhecida. Deve-se buscar o contexto próximo à palavra, algo que sirva como chave de compreensão. No entanto, não é contexto sintático.

Saber se uma palavra exerce a função de sujeito ou de objeto não define o seu valor semântico. Não confunda semântica com sintaxe. Xamã está no campo de ação de palavras dessa cultura primitiva. A resposta correta, portanto, é *D*. Atente para a alternativa *E*: dá a nítida impressão de bom humor. A banca também se diverte. O que anã e romã tem em comum com xamã? Absurdo.

Questão 12 - UnB/CESPE

Essa questão é extremamente interessante por cobrar do candidato não apenas a compreensão do texto em si, mas a correta relação de causa e de consequência.

1 – É exatamente o contrário: A violência e a criminalidade é que são decorrências da expulsão do homem do campo.

2 – Novamente, busca-se confundir a causa com a consequência: o capitalismo é a causa da miséria e da violência. Em verdade, temos o capitalismo, na consequência a miséria e depois a violência. Essa sequência é fundamental para entender-se o texto.

3 – Aqui o que se quer é confundir o candidato com a inversão. Veja-se que a criminalidade ocorre nos centros urbanos e não no campo.

4 e 5 – Corretas

Questão 13 – UEM-PR

01) Oposição – O texto aborda justamente a efemeridade dos heróis e heroínas desses romances.

02) Correta – Essa afirmação está explícita no texto.
03) Maximização – O texto delimita o público leitor: jovens da classe rica.
04) Correta – Questão de vocabulário, muito simples. A palavra ócio quer dizer desocupação. No entanto, é interessante observar que, modernamente, existe o conceito de ócio como sinônimo de lazer. A questão ficaria mais interessante se se contrapusesse o conceito novo ao antigo.
05) Inversão – Trocou-se público por leitor. O candidato desatento pode cair nessa armadilha.

Parte 4

As palavras

"Sou um gigolô das palavras. Vivo às suas custas. E tenho com elas a exemplar conduta de um cáften profissional. Abuso delas. Só uso as que eu conheço, as desconhecidas são perigosas e potencialmente traiçoeiras. Exijo submissão. Não raro, peço delas flexões inomináveis para satisfazer um gosto passageiro. Maltrato-as, sem dúvida. E jamais me deixo dominar por elas."

Luis Fernando Verissimo

O brasileiro não fala português.

Trabalhava em um curso pré-vestibular e, como é comum nesse universo, fizemos um simulado interno. O tema de redação foi a importância do domínio da língua culta. Casualmente, a Veja tratou esse assunto, na época, em matéria de capa. As correções dos textos dos alunos revelaram profunda desinformação e muito preconceito. Num dos textos, o vestibulando dissertou sobre a importância de dominar o Inglês e o Francês. Como a proposta referia-se ao domínio da língua culta, o vestibulando considerou cultos esses dois idiomas. E a Língua Portuguesa é o quê? Língua de incultos, imagino. Língua menor, falada por essa gente misturada que compõe nossa etnia. A Língua do povinho. E assim que nos pensamos e que nos vemos, numa das causas de nossos problemas: a falta de autoestima.

É comum encontrar pessoas que, ao saberem minha profissão de professor de Português, declaram: "Você é professor de Português? Então eu tenho que cuidar o que falo."Nesses momentos, sinto um misto de poder e de frustração. Parece existir um trauma profundo relacionado ao ensino da língua materna – em algum momento da vida, houve um professor que ensinou o aluno a odiar a Língua Portuguesa, "a pior língua do mundo".

O leitor imagina que o professor de Português fala da mesma maneira o tempo todo? Como será que ele pede à mulher que lhe alcance o prato com a salada? *"Por favor, cara cônjuge, queira-me alcançar o prato que porta tamanhas delícias compostas de hortaliças e outros frutos da terra"*. Professor de Português não é fiscal da língua para sair dando multas por aí em quem comete "erros" na norma culta.

Ninguém fala da mesma maneira o tempo todo, porque a língua possui variantes diversas, determinadas pela região, pelo grupo social, pelo faixa etária, etc.

O fato é que o assunto língua remete ao preconceito. A referida matéria da Veja contribui um pouco mais com a desinformação e com o preconceito. Vejamos:

Falar e Escrever Bem
O brasileiro tem dificuldade de se expressar corretamente. Mas está fazendo tudo para melhorar, porque precisa disso na profissão, nos negócios e na vida social.
Um teste para avaliar o seu domínio do idioma.

Afinal, que dificuldade é essa? Quando observo uma criança de três anos de idade comunicando-se perfeitamente bem, fazendo concordância verbal, por exemplo, percebo o quão enganosa é essa afirmação. *"Um teste para avaliar o seu domínio do idioma."* Então os brasileiros não dominam o seu idioma! E que idioma os brasileiros dominam? O inglês, talvez.

Ninguém melhor do que um professor de redação para observar as dificuldades dos estudantes, dos adolescentes para a comunicação escrita. Entretanto, ao observar meus alunos na hora do intervalo, percebo a capacidade de comunicação, a criatividade deles. Eles não falam Português?

Em primeiro lugar, a matéria da Veja não deixa claras as diferenças linguísticas, as variantes existentes em qualquer idioma, as coloquialidades, os regionalismos, os arcaísmos. A matéria também não explica o que é, afinal, falar e escrever bem.

Os sem-terra e os sem-língua

Vamos a um outro fato. Eu já era professor de Português e fazia o curso de Jornalismo. Certa feita, tivemos, no auditório da faculdade, uma palestra (ou um encontro) com um sem-terra. O objetivo era relatar a experiência de acampado. Nos olhos da plateia, havia um misto de curiosidade e de deboche, pois estávamos acostumados a ver, naquele púlpito, senhores jornalistas importantes e engravatados. Tínhamos diante de nós um sem-terra, usando chinelo e empregando uma linguagem comum a tantas pessoas que não tiveram escolaridade, três refeições diárias e talco após o banho.

Conforme a palestra seguia, as expressões mudavam do deboche para a comoção. O relato emocionado daquele sujeito deixou a plateia impressionada. Era um indivíduo sem-terra e sem-língua.

Ele não precisou da língua padrão, do Português casto ou culto para comunicar-se. Então, volto à pergunta: O que é falar bem?

Celso Pedro Luft, vou-me valer de nomes incontestáveis, escreveu um belo livro: *Língua & Liberdade*. Nele, há a transcrição de uma crônica de Luis Fernando Verissimo. Num dos trechos, LFV afirma: *"Sempre fui péssimo em Português. Mas – isso eu disse – vejam vocês, a intimidade com a Gramática é tão dispensável que eu ganho a vida escrevendo, apesar da minha total inocência na matéria."*

O Preconceito Linguístico

Discutir língua é discutir preconceito. Se um indivíduo (desses que passaremos a chamar sem-língua) falar *Cráudia*, *pranta* e *chicrete*, a nossa reação revelará um risinho irônico seguido de um carimbo na testa da vítima: analfabeto.

Sou ouvinte atento de rádio. Vários jornalistas costumam usar a seguinte construção: *"Fulano disse de que, fulano falou de que..."*

Os verbos dicendi ou de elocução (dizer, falar, relatar, declarar), como os chamamos, são muito empregados no jornalismo. Entretanto, classificam-se como transitivos diretos, exigindo objeto direto. Essa preposição intrometida não deveria estar aí. Alguns profissionais para quem expliquei essa construção condenada pela norma culta defenderam-se dizendo ser de boa eufonia esse DE.

O sujeito que fala **Cráudia**, e o jornalista que emprega **disse de que** atropelaram a norma culta. No entanto, daquele nós rimos; este compreendemos. Qual a diferença? A diferença é que o cidadão que fala Cráudia mostra sua origem, seu nível social e econômico.

Essa mudança /L/ por /R/, tão comum entre os sem-língua, também está marcada na história de nossa língua. Brando vem de blandu (Latim); fraco, de flaccu, (Latim); obrigar, de obligare (Latim). E mais: Camões escreveu ingrês, pubricar, pranta, frauta. Ninguém riria de Camões, suposto. A esse fenômeno linguístico dá-se o nome de rotação. A questão deveria ser tratada cientificamente, contudo é social, econômica e, sobretudo, política.

Portanto, a diferença não está naquilo que se diz, mas em quem diz.

Futebol e Tite

Há outro mito curioso. O brasileiro fala errado, porque não pronuncia corretamente as palavras. Por que dizer "bunito" se a palavra é bonito? Ninguém, seja em Inglês, em Francês seja em qualquer idioma culto, como quis meu aluno citado acima, fala como escreve. A escrita é a tentativa, insisto, tentativa de reproduzir graficamente a fala. Tentativa frustrada, pois a fala é muito mais rica, mais dinâmica - e muito mais antiga que a escrita. Não há como reproduzir o ritmo, a aceleração da frase, a pausa para destacar alguma palavra. Língua escrita e língua falada são diferentes. E assim devem ser tratadas: diferentemente.

Algumas redes de televisão estão insistindo na palavra futebol, dita assim, com o E, em vez do velho e bom /futibol/. Afinal de contas, o povinho fala errado.

Essa palavra é aportuguesamento de foot-ball. Ortograficamente, foram fundidas numa única palavra, mas foneticamente continuam duas palavras foot e ball. Esse E final de palavra soa baixinho, como um i. Trata-se de um E brevíssimo – não há para ele representação gráfica. Logo, escrevemos E, no entanto, ao falarmos, soa como I. Na escola, o aluno aprende que fonética e ortografia são questões diferentes e tratadas assim na própria Gramática.

Nesse embalo, alguns profissionais da imprensa esportiva eletrônica de Porto Alegre resolveram, na época, chamar o técnico do Grêmio de Titê. Ora, novamente temos o E brevíssimo. Ninguém diz chutê. Da mesma maneira, o torcedor diz "Grêmiu". Esse O brevíssimo no final da palavra vira U. O resto é bola rolando ou "rolandu"?

Os Escravos e a Caixa Econômica Federal

A primeira campanha da AIDS prevenia: *"Se você não se cuidar, a AIDS vai te pegar."* Muitos puristas, gramaticistas ferrenhos, ficaram escandalizados. Afirmavam que o governo, que tinha obrigação de ensinar Português para o povo, fez uma propaganda com **erros grosseiros**.

O erro estaria na mistura tão comum da segunda com a terceira pessoas. No Rio Grande do Sul, costumamos usar expressões como **tu gostou, tu foi**. Seria tu gostaste ou você gostou; tu foste ou você foi. Mais ao Sul, em Rio Grande e em Pelotas, a variante é **tu fosses, tu qués**. Em Florianópolis, omite-se o pronome.

Se fôssemos passar para a norma culta, ficaria assim:

3a pessoa – Se você não se cuidar, a AIDS vai pegá-lo.

2a pessoa – Se tu não te cuidares, a AIDS vai-te pegar.

No primeiro exemplo, temos um cacófato, um **galo** enfiado no meio da conversa. O segundo exemplo seria atribuído a algum gaúcho. Imaginem o falante de São Paulo e do Rio de Janeiro diante dessa frase repleta de **tus**! A opção foi pela mistura coloquial, ao gosto do falante brasileiro.

Se a propaganda tivesse que usar a norma culta, seria o fim da propaganda, porque o objetivo mesmo dela é a comunicação. É bom que nos *lembremos* que a língua também tem essa finalidade última.

O mesmo ocorreu com a propaganda da Caixa Federal.

Vem para a Caixa você também. Vem.

Corrigindo, teríamos

3a pessoa – Venha para a Caixa você também. Venha.

2a pessoa – Vem para a Caixa tu também. Vem.

Que tal? A melhor solução foi a encontrada pela agência de propaganda, você não acha?

É necessário ressaltar que a língua é um organismo vivo, que se altera conforme os fenômenos sociais, políticos e econômicos. Exatamente por isso que o verbo *datilografar* caiu em desuso, sendo substituído por *digitar*.

No exemplo da Caixa, temos um fato interessantíssimo. A palavra você provém de vossa mercê, expressão de tratamento que, na boca mal nutrida dos escravos, transformou-se em "voismecê", originando o nosso bom você. Nas novelas, por exemplo, foi reduzido ainda mais: "cê". Isso quer dizer que devemos aos escravos, todos analfabetos, essa palavrinha. Não fosse assim, a propaganda da caixa seria

Venha para a Caixa vossa mercê também. Venha.

Gilberto Freyre, em Casa Grande & Senzala, relata um interessante fenômeno na linguagem coloquial do brasileiro. Os escravos, pela sua natureza, não podiam usar o imperativo. Lembremos que esse modo tem como característica a ordem. Ora, escravos não dão ordens.

A norma culta prescreve que não se deve iniciar frase com pronome oblíquo. Desse modo, a ingênua solicitação nossa *Me dá um cigarro* é condenada no padrão culto. Nenhum brasileiro usa *Dá-me um cigarro*, construção típica do Português de Portugal. Observe, leitor, que *dá-me* é uma ordem categórica, dura, impositiva. Os escravos colocaram o pronome na frente, em situação de próclise, portanto. A simples troca de lugar transformou o imperativo tenso e duro em algo gostoso, eufônico, gingado, saboroso como um acarajé, amaciando o imperativo.

Aos que pensam que se fala melhor Português em Portugal devemos lembrar que nosso país tem 500 anos de história. Ao longo desse tempo, construiu também sua maneira de usar a língua do colonizador, transformando-a conforme o caldo cultural formado aqui. Herdamos dos escravos mais do que a comida, a música, a dança. Cientificamente, a língua é construída pelo falante, inclusive pelos incultos, caso dos escravos.

Para quem ainda não se convenceu, é bom examinar a História. Sempre estudamos que a Língua Portuguesa provém do Latim.

Essa é uma parte sintética do que ocorreu. Na expansão romana, os soldados se puseram em contato com os povos submetidos. Pasmem, mas os soldados romanos empregavam o Latim Vulgar, aquele falado pelo povo! Essa Latim Vulgar, ligado às línguas dos povos que iam sendo vencidos, formava uma nova língua. Já não era Latim, chamava-se Romance ou Romanço. Os idiomas neolatinos, entre eles o Português, advêm do Romance.

Donde se conclui que o Português, o Francês, o Italiano, o Espanhol nasceram da linguagem do povo que os formou. Não foram os clássicos latinos, mas o soldado e seu Latim Vulgar, que pariram nossa língua.

Aos puristas do idioma, recordo essa decepção na nossa árvore genealógica. Estamos contaminados na gênese de nossa formação. Ao aluno citado no início dessa matéria, afirmando na redação que Francês é língua culta, devo informar somos todos filhos da mesma mãe. Irmãos na desgraça, talvez.

Se o ensino de Gramática nas escolas ainda é conservador, preconceituoso, simplificador, ao mostrar que existe o certo e o errado, essa dualidade comum em nossa cultura (Deus e o diabo, Grêmio e Inter, Figueira e Avaí, Chimangos e Maragatos..), as provas de vestibular e de concursos públicos avançaram nos conceitos linguísticos. Talvez seja por isso que o vestibulando ou concursando, diante da prova, tenha a impressão de que não foi preparado para essa nova realidade.

Aprender a norma culta é importante, porque essa é a variante da elite, porque essa é a língua do Direito, porque todas as leis são redigidas usando o padrão culto, porque as repartições públicas a empregam. Em última análise, deve-se dominá-lo para termos ascensão social.

Lembram-se das eleições presidenciais entre Collor e Lula? A diferença em favor de Collor foi pequena. Muitas pessoas não votaram em Lula, porque ele falava "poblema" e "menas vezes". A falta do domínio dessa variante impediu o candidato do PT de conseguir seu objetivo, afinal Collor falava cinco idiomas.

"Duela a quiem duela".

(Antônio Ricardo Russo, Zero Hora, 28/11/01)

Bibliografia
BAGNO, Marcos – Preconceito Linguístico – Edições Loyola, São Paulo.
LUFT – Celso Pedro – Língua & Liberdade – L&PM, Porto Alegre.
FREYRE, Gilberto - Casa Grande & Senzala – Maia & Schmidt, Rio de janeiro.
FARACI, Carlos Alberto e TEZZA, Cristóvão – Prática de Texto – Editora Vozes, Rio de Janeiro.
CASTRO, Marcos de – A Imprensa e o Caos na Ortografia – Record, Rio de Janeiro.

A verdade é que as gramáticas normativas vigentes no país não conseguem retratar, de fato, a nossa realidade linguística. Baseadas, usualmente, nos "bons escritores", em geral de séculos passados, as gramáticas têm dificuldade de lidar com a língua contemporânea. Uma das razões desse fracasso decorre exatamente da falta de uma concepção mais clara do que seja "padrão".

(Carlos Alberto Faraco e Cristóvão Tezza)

O Português no Brasil, ligando as casas-grandes às senzalas, os escravos aos senhores, as mucamas aos sinhô-moços, enriqueceu-se de uma variedade de antagonismos que falta ao Português da Europa.

(Gilberto Freyre)

O que me preocupa profundamente é a maneira de se ensinar a língua materna, as noções falsas de língua e gramática, a obsessão gramaticalista, a distorcida visão de que ensinar uma língua seja ensinar a escrever "certo", o esquecimento a que se relega a prática da língua, e, mais que tudo, a postura opressora e repressiva, alienada e alienante desse ensino, como em geral de todo o nosso ensino em qualquer nível e disciplina.

(Celso Pedro Luft)

1. O Processo de Conotação

O falante da língua é um ser criativo e revela isso ao empregá-la. Há alguns anos, o *Funk* virou moda, especialmente no Rio de Janeiro. As revistas semanais se incumbiram de dar matéria de capa para o assunto, incluindo o vocabulário novo, criado como código, identificando o *funqueiro*. Dessa maneira, *cachorra* virou mulher disponível; *martelar*, maneira de dançar; com o sobe e desce de conotação sexual, *martelo* tornou-se o órgão sexual masculino.

O processo conotativo funciona dessa forma. As palavras já existentes recebem nova acepção, possibilitando uma constante renovação da língua.

Vejamos a expressão *colocar um ponto final*. Quando surgiu, tratava-se de encerrar a frase, ou seja, tinha uso bem específico. Em dado momento, o falante ampliou o significado, passando a ser figurado, ou seja, tudo o que termina. Essa ampliação possibilita que a empreguemos em várias situações, bem diferentes do estágio inicial, pôr um ponto no final da frase. Com isso, ela se tornou um lugar comum, porque usada a todo o instante, em várias situações, perdendo completamente o significado.

Quando o jovem emprega, ao final de cada frase, o *tá ligado*, isso vira uma fórmula, e não quer dizer absolutamente nada. O mesmo fato se dá com um personagem, criado no embalo dos *reality shows*. Sua frase preferida era "Faz parte". Inaugurava-se uma nova linguagem, o *faz-partismo*, que perde o significado e vira um carimbo.

Para recuperar o significado das palavras, vamos a alguns exemplos, no entanto revirar o caldeirão da língua pressupõe voltar aos tempos de Roma.

Os romanos eram essencialmente agrícolas. Nessa medida, as palavras surgiam para se referir ao contato com a terra, isto é, o universo linguístico necessário ao cidadão estava relacionado às coisas da terra. Assim, *lira* inicialmente era o sulco do arado. *Delilare* queria dizer sair do sulco. Ninguém imagina, quando acusa outro de ser delirante, que o indivíduo esteja saindo do sulco do arado! Foi o processo de conotação, com as associações por elementos em comum. *Versus* mostrava o agricultor virando o arado no fim do campo, o modo como ele trocava de sulco, ou de lira. Hoje, verso é a unidade poética, como se o poeta fosse um plantador. Imaginemos a vista de cima de um campo sulcado e perceberemos a semelhança com a poesia, *versus* sobre *versus*. Se *rivus* era rio, *rivalis*, o cidadão com o qual se dividia o rio. Daí temos o rival, no entanto não há mais rio a ser divido.

LIRA – sulco do arado – delirare sair do sulco – delirar, divagar
RIVALIS – direito ao mesmo RIVUS (rio) – rival
PAUPER – terra que fornece pouco – pobre – paupérrimo, ou seja, muito pobre

LUXUS – vegetação que nasce em abundância, prejudicando a plantação
VERSUS – maneira de virar o arado no fim do campo

Desse modo, as palavras revelam os povos, as gentes e suas histórias. A questão da terra chegou à imprensa e tornou-se discussão nacional. Monteiro Lobato, em seu livro *A Onda Verde*, nos traz algumas informações interessantíssimas, por exemplo, a origem do verbo *grilar*, que significa tomar conta, irregularmente, da terra, apropriar-se indevidamente. Dessa matriz, surge a família toda: grileiro, grilagem...

Segundo Monteiro Lobato, na segunda metade dos oitocentos, diante da nova lei da terra, o indivíduo deveria apresentar um documento antigo, provando a posse. A consequência foi uma gama imensa de fraudes. Desenvolveu-se uma tecnologia para forjar documentos, dando-lhes a aparência de antigo. Valia colocá-los embaixo da sela do cavalo, com o suor do animal, teríamos um documento com aparência e cheiro antigos. Outro processo consistia na aproximação do papel à fogueira, dependendo do tempo que se queria mostrar, dependia também a proximidade ao fogo.

Outro processo era a colocação do documento em uma gaveta junto com grilos. Os bichinhos, ao morrer, expelem um gás, tornando o documento amarelo, por sua vez, antigo.

Dado o fato, registramos, portanto, em nossa língua um verbo que revela o modo como as coisas são feitas em relação à terra e à sua posse. Talvez esse fato pequeno, essa historinha minúscula possa contribuir para esta discussão maior: MST, a terra, a reforma agrária.

São as palavras a serviço da sociedade.

"Insistente nas palestras como certas moscas em dia de calor, é, nas regiões do noroeste, a palavra "grilo". "Grilo" e seus derivados, "grileiro", "engrilar", em acepção muito diversa da que devem ter entre os nipônicos, onde grileiros engrilam grilos de verdade em gaiolinhas, como fazemos aqui com o sabiá, o canário, o pintassilgo e mais passarinhos tolos que morrem pela garganta.

Grilo é a propriedade territorial legalizada por meio de um título falso; grileiro é o advogado ou "águia", qualquer manipulador de grilos; terras "grilentas" ou "engriladas" as que têm maromba de alquimia forense no título. (...)

Envelhecer título falso, "enverdadeirá-lo", é toda uma ciência. Mas conseguem-no. Dão-lhe a cor, o tom, o cheiro da velhice, fazem-no muitas vezes mais autêntico do que os reais. Expõem-no ao fumeiro, a tal distância da fumaça conforme o grau de ancianidade requerido, e conseguem assim a gama dos amarelidos, segredo até aqui do Tempo. (...)

Finalmente, para impregná-lo do cheirinho, do buquê dos decênios, passeiam-no a cavalo, metido entre o baixeiro e a carona..."

(Monteiro Lobato)

Exercícios de Denotação e Conotação

UFRGS

1. Observe os seguintes trechos abaixo:

(...) Mas a televisão sempre oferece compensações e, para aliviar o show do caos urbano, ela exibe o idílio da vida campestre.

(...) Chinelos, cigarros, margarinas e cartões de crédito buscam os cenários de praias vazias, fazendas inocentes e montanhas íngremes para aumentar sua promessa de gozo.

(...) A felicidade mora longe do asfalto.

(...) Relógios de mergulhadores são ostentados por garotos que mal sabem ver as horas; botas de vaqueiro, próprias para pisar currais, frequentam cerimônias de casamento; fardas militares de guerrilheiros amazônicos passeiam pelos shoppings.

(...) A distância entre um motorista de vidros lacrados e o mendigo que pede esmola no sinal vermelho é maior do que a distância entre aquele e as trilhas agrestes das novelas e dos comerciais.

De acordo com o sentido que as expressões têm no texto, NÃO ocorre uso de linguagem figurada em

A) o show do caos urbano
B) fazendas inocentes
C) A felicidade mora longe do asfalto
D) Botas de vaqueiro, próprias para pisar currais
E) Um motorista de vidros lacrados

UFRGS

2. Observe os seguintes trechos abaixo

(...) De há muito, o futebol se infiltrou de tal forma no tecido social brasileiro que está presente no nosso dia-a-dia de maneira sufocante.

(...) Mas o futebol não está devidamente expresso na poesia ou na prosa, nem impresso nas obras espalhadas pelas galerias de arte, tampouco projetado nas telas de cinema, representado devidamente nos palcos ou capturado em seu rico gestual pelas coreografias de balé.

(...) O que Décio Pignatari queria dizer, se entendi, é que o futebol incorpora a graça do balé...

(...) o futebol cria os mais inverossímeis personagens, tece as tramas mais insólitas que a ficção possa conceber e nos derrama um belo verso, ao menos, a cada partida.

Em muitas passagens do texto, o autor explora um uso mais abstrato de palavras que têm um significado mais concreto em outros contextos. Um exemplo disso é a utilização do verbo esmagar para dizer que um time esmagou outro, significando que venceu o outro com larga vantagem; nesse caso, o verbo não tem o significado concreto de destruição ou pressão física sobre um objeto. Este fenômeno ocorre com todas as palavras listadas abaixo, à exceção de

A) se infiltrou
B) tecido

C) capturado
D) entendi
E) derrama

UPF

3. A seguir são apresentadas cinco manchetes de jornal ou revista. Em todas, exceto numa, ocorre o emprego de uma ou mais palavras em sentido figurado. A única que está totalmente traduzida em palavras de sentido próprio é a da alternativa:

A) UCPel DÁ LARGADA PARA PROVAS DE INVERNO: o exame será realizado neste Domingo, às 9h, e os candidatos deverão responder a 50 questões objetivas (ZH, 03-07-98, p. 34)
B) FREIO NA PROMISCUIDADE: o código de conduta pode ser um passo para a moralidade do serviço público (Veja, 08-07-98 p. 35).
C) APENAS DOIS PASSOS DA GLÓRIA: depois de eliminar o Chile e a Dinamarca, a seleção chega às portas do pentacampeonato (Veja, 08-7-98, p. 86)
D) A TODO O VAPOR: apesar da seca, a economia nordestina cresce mais que a do Brasil pelo quarto ano consecutivo (Veja 08-07-98, p. 106)
E) CRESCE O CONSUMO DE ALIMENTOS: pesquisa do comércio paulista mostra o que vende mais desde o início do Real (ZH, 08-07-98, p.25)

ENEM - Simulado Objetivo 2008

A metáfora é, para a maioria das pessoas, um recurso da imaginação poética e um ornamento retórico – é mais uma questão de linguagem extraordinária do que de linguagem ordinária. Mais do que isso, a metáfora é usualmente vista como uma característica restrita à linguagem, uma questão mais de palavras do que de pensamento ou ação. Por essa razão, a maioria das pessoas acha que pode viver perfeitamente sem a metáfora. Nós descobrimos, ao contrário, que a metáfora está infiltrada na vida cotidiana, não somente na linguagem, mas também no pensamento e na ação.

(LAKOFF, G. & JOHNSON, M. Metáforas da Vida Cotidiana.
São Paulo: Educ, 2002)

4. A partir do conceito metafórico de que "discussão é guerra", assinale a alternativa que não comprova a afirmação final do texto acima.
A) Destruí todos os argumentos dele.
B) Suas críticas atingiram diretamente o alvo.
C) Se você utilizar a seguinte estratégia, ele não terá argumentos contra você.
D) Ela atacou o colega com palavras agressivas.
E) Você está desperdiçando meu tempo com argumentos absurdos.

Textos para Leitura

Chanceler

Na Europa medieval, tradição da qual o Brasil é herdeiro, o serviço público se confundia com o serviço ao rei. Os cargos típicos da alta administração eram, de acordo com a "Encyclopeadia Brittannica 92", os de "butler" (mordomo), o responsável pela adega real, "steward" (despenseiro), "chamberlain" (camareiro), que efetuava os pagamentos do rei, controlando o tesouro, que normalmente era guardado no quarto do soberano, e "chancelor" (chanceler), encarregado da correspondência e quem aplicava o selo (a chancela) real, oficializando toda a papelada.

(Folha de S. Paulo)

Quiproquó

Entre os séculos 11 e 14, em uma Europa majoritariamente dominada pelo poder eclesiástico, apareceram várias e grandes concentrações de eruditos ligados à estrutura religiosa e que buscavam prover escolas dedicadas a estudos mais elevados para a sustentação teórica da cristandade. Essas organizações deram origem às primeiras universidades europeias, e, na história do pensamento ocidental, o período é chamado de escolástica. Nele imperou um método didático extremamente eficiente para a consolidação dos conhecimentos hegemônicos, no qual a forma do raciocínio e da exposição tinha relevância maior do que o conteúdo (inaugurando a força do formalismo que a tantos seduz, até hoje, no campo da política e da mídia).

Por isso, na escolástica, quando se desejava alertar um neófito estudante para o perigo das confusões formais na apredizagem, era utilizada a locução "quid pro quod", isto é, não confunda "quid" com "quod" (um nominativo com um ablativo), ou seja, não vá tomar uma palavra pela outra, misturar isto com aquilo. Essa locução tornou-se quiproquó, que faz parte do nosso cotidiano – como fato e vocábulo.

No entanto a mesma expressão passou a ser usada no ramo farmacêutico a partir do Renascimento com sentidos opostos. No século 15, as confrarias ou associações (secretas ou não) dos formuladores de remédios e poções costumavam elaborar compilações das fórmulas e, nesses, registravam as substâncias que podiam ser tomadas no lugar de outras sob o título positivo de "quid pro quo". Porém, do século 18 em diante, os boticários, de modo negativo, passaram a usar a mesma expressão para designar um engano na formulação dos medicamentos.

É essa acepção de equívoco a que perdura entre nós (...)

(Mario Sergio Cortella, Folha de S. Paulo ,
21/03/2002 – Caderno Equilíbrio)

2. Os neologismos

Uma forma de renovar o arsenal linguístico ocorre com a criação de palavras. Antônio Rogério Magri, Ministro do Trabalho, governo *collorido*, marcou sua administração pelas frases, não pela competência. Perguntado como ficaria a aposentadoria, lascou um *imexível*. Qual o rombo da previdência? *Elefantal*, disse o Ministro. São processos de derivação, no caso de elefantal, a agregação de um sufixo formador de adjetivos. Podemos rir das palavras criadas por Magri, mas são perfeitamente possíveis em nossa língua.

Na Língua Portuguesa, temos aproximadamente 350.000 palavras, entre as quais um falante normal domina cerca de 3.000. Esse corpo se renova constantemente, incorpora neologismos, coloca em desuso outros vocábulos.

Fratura Exposta

Há um cheiro podre de Colômbia no ar brasileiro. Não temos ainda, é evidente, um Estado paralelo corrupto e criminoso atuando em função do narcotráfico. Mas a comparação com o desgoverno colombiano já soou mais forçada. E o que importa, como gosta de dizer o presidente, é o rumo que o país vai tomando. Em que, exatamente, está se transformando esta sociedade?

O sequestro e assassinato inomináveis de Celso Daniel acrescentam uma pedra triste à gangsterização da sociedade brasileira. A expressão é dura, decerto, mas o que foi a era Collor se não um filme B de gangsterismo de Estado patrocinado pelas elites do sudeste rico do país?

(Fernando de Barros e Silva, Folha de S. Paulo)

No texto, observando os neologismos *gangsterismo* e *gangsterização*, vamos perceber como a palavra gângster pode derivar outras tantas. Evidentemente, essa criação ocorre em função da necessidade de designar novos fenômenos.

Há alguns anos, estava dando uma palestra em uma escola de Porto Alegre, quando, por acidente, discutíamos o verbo *ficar*. Palavra antiga em nossa língua, tomando uma nova acepção. Perguntei a uma aluna como ela designava o garoto com o qual ela sempre ficava. Era sempre o mesmo garoto, mas não o chamamos de namorado. Então, o que ele era? Ela não teve dúvidas, não pestanejou, não precisou recorrer a explicações, mandou ver: "*Ficante*, professor." Taí, descobri, naquela oportunidade, nova palavra.

3. A paronímia

Parônimos são palavras próximas na grafia e na pronúncia, entretanto com significados bem distintos. Esse é o caso de EM VEZ DE e de AO INVÉS DE, expressões muito próximas, que trazem confusão para quem as utiliza. EM VEZ DE quer dizer uma coisa em troca de outra: comi torta de limão em vez de morango. AO INVÉS DE quer dizer ao contrário, somente podendo ser usada se for empregada por antônimos: O Internacional ao invés de ganhar perdeu.

Como Verissimo já havia afirmado na abertura desta capítulo, as palavras são traiçoeiras. Qual a diferença entre cantilena e catilinária? É comum, até mesmo na imprensa, observarmos a confusão que as pessoas fazem com elas. *Cantilena* é conversa mole, longa. Temos ainda o *blábláblá*, interessantíssima palavra. Outra, mas de origem tupi-guarani é *nhenhenhém*, com significado próximo a cantilena. Temos outra palavra interessante, que é *elucubrar,* grafada assim com U, significando conversa aprofundada, portanto antônimo das outras, que seriam papo-furado, conversa superficial.

Catilinária, por seu turno, provém de três orações que o senador romano Cícero fez contra outro senador, Catilina. Significa, portanto, acusação enérgica, eloquente, forte, convincente.

Examinemos outros exemplos

Exercícios

1. Com o _____ da primavera, sentimo-nos mais humanos.
Advento
Evento

2. Não se _____ uma solução para o problema.
Deslumbra
Vislumbra

3. _____ o curandeiro.
Desmitificou
Desmistificou

4. A _____ o impedia de enxergar a verdade.
Obcecação (obcecado)
Obsessão (obsessivo)

5. Era um sonhador _____ : a realidade não existia.
Costumeiro
Contumaz

4. A sinonímia

Se os parônimos são palavras com grafia ou pronúncias próximas, mas com significados distintos, os sinônimos são o posto: bem distintos na forma, mas próximos no conteúdo.

Assim, temos lar, casa, morada, abrigo, como uma rede sinonímica. No entanto, se no plano do significado elas guardam estreita relação, é também verdadeiro afirmar que lar possui um sentido distinto de casa: lar guarda um sentimento imaterial, subjetivo, totalmente abstrato; casa revela concretude, tijolo, cimento.

Desse modo, lar e casa têm o mesmo significado: onde as pessoas moram, mas guardam sentidos diferentes. Quando estivermos falando de sentidos, abordamos o sentimento, sentimento que cada um percebe diante da palavra. Há palavras que despertam em nós um sentimento, portanto estão ligadas à nossa vivência, à cultura local.

A palavra muçulmano, especialmente para os americanos, passou a ter um outro sentido depois do episódio de 11 de setembro, quando as Torres Gêmeas ruíram. Isso quer dizer que o sentido, mais que o significado, transforma-se, pois dá conta do componente subjetivo, interior do indivíduo.

Examine com cuidado os exemplos de sinônimos:

Cizânia e Briga

A cizânia é uma discórdia, um desentendimento, uma desinteligência. Entretanto, a briga pressupõe o contato físico, as vias de fato. Logo, o primeiro é abstrato. Podemos dizer que uma cizânia levou a uma briga.

Limbo e Fronteira

Limbo vem do Latim e quer dizer orla, borda, limite externo. Também tomou o significado de esquecimento, ostracismo. Logo, bem diferente do que uma simples fronteira, aspecto físico ou limite de algo. A palavra limbo tem uma história, carrega uma simbologia muito forte. Na liturgia, queria dizer o lugar para onde iam as almas das crianças que morriam sem batismo.

Complexo e Complicado

Complexo refere-se a algo que abrange vários elementos, mas complicado é difícil, confuso.

Ufanismo, Patriotismo e Nacionalismo

Ufano vem do espanhol e revela orgulho desmedido de algo. Patriotismo é o amor à pátria. O ufanista leva esse amor ao extremo. Conde Afonso escreveu o livro Por que me Ufano de meu País, donde tivemos o ufanismo com esse significado.

Nacionalista tem relação estreita com a economia. Diz-se de quem defende as empresas nacionais, trata-se de linha de pensamento político.

5. A hiponímia

Muitas vezes queremos substituir palavras já empregadas num texto por sinônimos. Veja o caso dos sem-terra, qual seria um sinônimo? O redator substituiria por colonos, agricultores, mas sabemos que sem-terra é um tipo de agricultor. A relação estabelecida entre ambas não é de sinonímia, mas uma rede que vai do particular para o geral. Sem-terra é a particularização de colono, mais geral.

O mesmo poderíamos fazer em um texto sobre televisão que empregássemos a palavra telespectador, audiência. Mais adiante, poderíamos retomar por indivíduos, cidadãos, pois todo telespectador é um indivíduo.

A palavra mais particular é o hipônimo, logo telespectador é hipônimo de indivíduo, e indivíduo é hiperônimo de telespectador.

Retornando ao caso dos sem-terra, se o produtor de textos retomar sem-terra por injustiçados teremos uma posição clara do autor sobre o assunto, ou seja, a escolha dos hipônimos poderá revelar a ideologia do autor do texto.

6. O Contexto

Sempre que batemos de frente com uma palavrinha desconhecida, intuitivamente buscamos o significado pelo contexto. Haverá uma chave de solução, alguma outra palavra ou expressão que denunciará o significado da desconhecida. O texto abaixo mostra-se bom exemplo disso:

O Jogo do Contexto

Abaixo, você encontrará palavrinhas, algumas fáceis, outras mais difíceis. Não importa, todas terão o significado ligado ao contexto. Teste sua atenção.

UFRGS

O Rio, nos primeiros anos trinta, sabia onde eram os cafés dos sambistas, dos músicos, dos turfistas e dos boêmios. Noel Rosa, não sei por que razão, evitava o ponto do samba – o Café Nice – e preferia a Lapa, onde vivia o pessoal da madrugada, bons bebedores, alguns cafetões, várias meretrizes, que se portavam com dignidade nas horas de folga, e gente solitária; ignorávamos de que vivia, e nenhuma pergunta era endereçada a ele, esse amigo de todos, Noel da Lapa. Bebendo muito e se alimentando pouco, Noel se tornou presa fácil da tuberculose. Naquele tempo, a doença era meia morte.

1. Supondo que a palavra "meretrizes" seja desconhecida para o leitor, a melhor estratégia de que ele pode valer-se para tentar detectar o seu significado será

A) aproximá-la de outras palavras da língua portuguesa que tenham a mesma terminação, como "atrizes" e "cicatrizes".
B) Considerá-la como designação de profissionais que, nas horas de trabalho, não se portam "com dignidade".
C) Associá-la aos termos "tuberculose" e "doença", de forma a desvendar o seu sentido correto, mulheres doentes.
D) Observar o contexto sintático em que ela ocorre: antes de uma oração adjetiva e depois de um pronome indefinido.
E) Reler a primeira frase do texto para nela descobrir palavras associadas a "meretrizes", tais como "anos trinta", "sambistas" e "turfistas".

O sucesso deveu-se ao caráter eclético de sua administração. Pouco se lhe dava que lhe exigissem sua opinião pessoal. Sua atitude consistia sempre em tomar uma posição escolhida entre as diversas formas de conduta ou opinião manifestadas por seus assessores.

2. Supondo que você não conheça o significado da palavra eclético, o melhor procedimento a adotar para deduzi-lo seria:
A) observar a explicação dada no segundo período.
B) Observar a etimologia da palavra.
C) Fazer análise sintática de todo o período.
D) Atentar para o que é dito no último período.
E) Verificar que está antes de administração, logo quer dizer administração responsável

Identifique a alternativa que poderia substituir as palavras sublinhadas sem alteração do sentido da frase.

3. Os problemas <u>latentes</u> manifestaram-se naquele dia.
A) certos
B) costumeiros
C) ocultos
D) traiçoeiros
E) solucionáveis

4. Era um falsário, <u>prestidigitava</u> a verdade como poucos.
A) escamoteava
B) revelava
C) atribuía
D) enaltecia
E) procurava

5. Sugavam suas forças, <u>estiolavam</u> seu corpo completamente. Eram como sanguessugas.
O verbo destacado poderia ser substituído por
A) surravam
B) enfraqueciam
C) controlavam
D) forçavam
E) conquistavam

6. Dedicava-se àquela atividade há muito tempo. Era um <u>amanuense</u> com orgulho, apesar da pouca expressão de seu cargo.
A palavra destacada significa
A) nascido no Amazonas.
B) homem de muitas posses.
C) pessoa muito rica

D) funcionário público
E) responsável

7. Nunca desistia, para conquistar seu objetivo, dedicava de modo <u>contumaz</u> a atingir seus objetivos.

A palavra destacada significa

A) contraditório
B) ineficiente
C) certeiro
D) obstinado
E) errado

8. Era um grande banquete. Depois do <u>ágape</u>, foram descansar na rede.

Podemos substituir a palavra destacada por

A) do jantar
B) da discussão
C) do jogo
D) do matrimônio
E) do prejuízo

Exercícios Contextualizados

Cinzas e nada mais

Não era padre, já era monsenhor. E atendia pelo nome de monsenhor Cinzas, assim mesmo, no plural. Ao contrário do que o nome poderia sugerir, não era incolor, abúlico, mas sanguíneo, virulento, pasto de imensas cóleras contra a iniquidade dos homens. Foi um dos espantos quando entrei no seminário: saber que havia no mundo um sujeito chamado Cinzas e que chegara a monsenhor. Brincando brincando, eu poderia chegar a cardeal.

Depois aprendi que o nome dele era outro, Arnaldo não-lembro-mais-de-quê, acho que Arnaldo da Veiga Pereira ou nome parecido. O apelido vinha de épocas imemoriais, ele gostava de lembrar que tudo na humana vida termina em cinzas. Sua "finest hour", obviamente, era a quarta-feira de Cinzas. Acredito que a odiava profundamente – e por isso mesmo, fazia dela o seu grande dia.

Ele passava o ano todo lembrando que toda a glória, toda a alacridade, toda a pulcritude, mais cedo ou mais tarde, sem metáforas nem ressentimento, acabam em um punhado de cinza.

(Carlos Heitor Cony – Folha de S. Paulo)

Qual o significado das seguintes palavras do texto:

9. Abúlico
A) branco
B) forte
C) razoável
D) ágil
E) desanimado

10. Iniquidade
A) virtudes
B) burrices
C) perversidades
D) surpresas
E) desequilíbrios

11. Alacridade
A) mentira
B) engano
C) entusiasmo
D) medo
E) satisfação

12. Pulcritude
A) beleza
B) ódio
C) ciúme
D) inveja
E) cisma

"Esse sentimento altruísta sempre prevaleceu em suas atitudes e ideias. Era, portanto, um espírito irmão: não deixava que o egoísmo, que o individualismo lhe tocasse a alma."

13. Se o leitor não souber o significado da palavra altruísta, a melhor maneira de elucidá-lo é
A) observar o contexto sintático em que ele está inserido: adjunto adnominal.
B) aproximar a palavras que possuem a mesma terminação como egoísta e individualista.
C) aproximar à palavra sentimento para chegar ao seu significado: simplista.
D) contrapor a egoísmo e a individualismo, para chegar ao seu significado: humanitário.
E) relacionar a atitudes e a ideias, para chegar ao significado: homem de ação.

"Eram deputados que representavam facções opostas, portanto havia entre eles sempre desinteligências que impossibilitavam o consenso."

14. A palavra em destaque poderia ser substituída pela alternativa
A) divergências
B) desconhecimentos

C) falta de inteligência
D) insensibilidades
E) assentimentos

"O Ministro não estava sozinho no empreendimento: havia <u>acólitos</u> anônimos que lhe prestavam serviço."

15. A palavra em destaque poderia ser substituída por
A) bêbados
B) adversários
C) funcionários públicos
D) colaboradores
E) parentes

"Não teve escolha: a medida era *compulsória* para todos os motoristas."

16. A palavra em destaque poderia ser substituída por
A) obrigatória
B) esperada
C) optativa
D) necessária
E) impopular

Idade não define a fronteira da velhice.

Para a maioria dos velhos do mundo, a velhice deve ser "nem tanto um continuar a viver, mas um não poder morrer". Não são eles – velhos de carne e osso, ainda que definhantes – os contemplados em 1999 com o Ano Internacional das Nações Unidas, mas os "idosos", que vivem só nas estatísticas.

As palavras impiedosas provêm do pensador político italiano Norberto Bobio. Resumem de forma vívida como muitos experimentam o fenômeno moderno da extensão da velhice: um prolongamento da vida que merece cada vez menos esse nome. (...)

Tal é a definição do velho demográfico, ou idoso: mais de 65 anos, em nações ricas; e mais de 60, nas pobres. É o critério da Organização Mundial da Saúde (OMS), adotado pelo Brasil.

Ninguém está satisfeito com essas idades de corte. Primeiro, porque cinco anos podem ser muito pouco para dar conta das diferenças nas expectativas de vida de países desenvolvidos e subdesenvolvidos. Mesmo entre populações da mesma região, como Costa Rica e Haiti, a distância açambarca 23 anos.

Outro fator para relativizar esses números é o rápido aumento da esperança de vida no Terceiro Mundo, produto da chamada transição demográfica.

Considere-se o Brasil: em 2025, o país terá 16 vezes mais velhos do que em 1950, embora a população vá multiplicar-se por cinco, apenas. A expectativa de vida dobrou de 33,7 anos em 1900 para 68,3 neste ano. Num mundo que envelhece tão rápido, não faz muito sentido ter uma idade fixa para tornar-se velho. (...)

Mais adequado seria recorrer à ideia de idade funcional, segundo o médico João Toniolo Neto, 40, do Centro de Estudos do Envelhecimento da Universidade Federal de São Paulo. O conceito leva em conta a autonomia do velho, sua capacidade de realizar sozinho tarefas corriqueiras como tomar banho, ir ao banco, cozinhar, fazer compras. (...)

(Marcelo Leite, Folha de S. Paulo, 26/09/99 – Caderno Especial)

Assinale a alternativa que substitui as palavras grifadas:
17. vívida
A) contraditória
B) voraz
C) brilhante
D) clara
E) genial

18. açambarca
A) abrange
B) resume
C) totaliza
D) incorpora
E) encobre

19. corriqueiras
A) arcaicas
B) passageiras
C) prosaicas
D) relevantes
E) elevadas

Neste século, a expansão do ensino e a democratização da ciência têm permitido à mulher a mais fundamental das conquistas: o saber. Frequentando escolas, aprendendo a ler e a pensar, ela rompeu os grilhões da ignorância que a mantinham reclusa ao universo doméstico, e passiva ao mando masculino.

(...) As jovens, iniciadas na infância à fluidez e à mansidão, dedicam-se a organizar novas famílias, sendo obrigadas, quando profissionais, a duplas e até triplas jornadas.

(...) A busca da mulher hoje não é o vencer por vencer, e sim o livro arbítrio na sua realização como profissional e como mulher, com resultados positivos para seus filhos – sejam homens, sejam mulheres.

20. As palavras grilhões, fluidez e arbítrio equivalem, pelo sentido que têm no texto, aproximadamente, a
A) correntes – delicadeza – escolha
B) portões – leveza – competência
C) cordas – rigidez – condicionamento
D) amarras – suavidade – justiça
E) limites – beleza – determinação

A questão 21 é baseada no seguinte texto:

Diante desta profecia desanimadora, recorri aos clichês de praxe: como levaremos o livro para a praia, para a cama, para a rede? Elementar, minha cara Neanderthal, respondeu o editor. O computador não será o trambolho que conhecemos hoje. As telas serão menores do que uma calculadora de bolso e poderão ser *acopladas* num óculos, por que não?

Seja feita a vontade de Bill Gates. Mas, no que me diz respeito, não vou deixar meus livros virarem peça de museu. O livro não é um produto descartável: usou, jogou fora. Nunca fiz isso nem com namorado, imagine com um livro, que é muito mais útil.

(Martha Medeiros, Zero Hora)

21. Assinale a alternativa em que constam as palavras ou expressões que, sem prejuízo do sentido original do texto, podem substituir, respectivamente, profecia, clichês de praxe, acoplados e peça de museu.

A) confissão, chavões costumeiros, acondicionadas, arquetes
B) proeminência, anúncios classificados dos jornais, encaixadas, objetos obsoletos.
C) presságio, lugares-comuns corriqueiros, encaixadas, objetos obsoletos
D) presságio, chavões costumeiros, locupletadas, objetos anacrônicos
E) proeminência, lugares-comuns corriqueiros, locupletadas, arquetes.

A questão 22 é baseada no seguinte texto:

O corpo humano, mesmo submetido ao sacrifício de uma dieta alimentar rígida, tem tendência a voltar ao peso inicial determinado por um equilíbrio interno, segundo recente estudo realizado por cientistas norteamericanos.

22. Das opções abaixo, todas podem substituir, sem prejuízo ao texto, a palavra rígida, menos
A) rigorosa
B) austera
C) severa
D) íntegra
E) séria

A questão 23 é baseada no seguinte texto:

Vivemos sempre entre esses momentos, como passageiros que estão saindo de um evento rotineiro para a ocorrência fora do comum que, por sua vez, logo pode tornar-se novamente rotineira e fazer parte da paisagem do nosso irreflexivo cotidiano.

23. O sinônimo adequado da palavra rotineira é
A) eventual.
B) extraordinária.
C) corriqueira.
D) esporádica.
E) casual.

A questão 24 é baseada no seguinte texto:

Os pesquisadores concluíram, também, que, ao contrário do que se ouve afirmar, notadamente por ocasião das campanhas políticas, a reforma agrária, nos moldes tradicionais, é inócua para resolver os problemas de pobreza e fome no Brasil de hoje.
O Brasil de hoje apresenta graves anomalias, decorrentes da pressão demográfica sobre os grandes centros, deteriorando os padrões de vida e bem-estar que somente podem ser corrigidos se enfrentarmos com decisão a necessária desconcentração industrial.

24. Os vocábulos inócua e anomalias podem ser substituídos, respectivamente, por

A) inoportuna – deturpações
B) incoerente – falhas
C) ineficaz – deformações
D) impossível – irregularidades
E) imprescindível – anormalidades

Respostas Comentadas e Gabaritos

Exercícios de Denotação e Conotação
01)D 02)D 03)E 04)E

A Paronímia
1) advento – início, começo: evento, acontecimento, ocorrência.

2) lumbre – Vem do espanhol, quer dizer luz, vislumbrar, denotativamente, significa colocar luz tênue. Em sentido figurado, enxergar, ver. Deslumbrar, ofuscar, pôr muita luz.

3) Mitificar – tornar mito; mistificar, omitir, mentir, escamotear a verdade. No caso em pauta, o curandeiro foi desmistificado, desmentido.

4) Obcecação, assim mesmo com C, pois o radical é cego. Obcecado é o indivíduo que não enxerga, mas obsessiva, pessoa determinada. A proximidade semântica entre essas palavras leva muita gente boa a confusões. Algumas dão esse exemplo para mostrar a ilogicidade da língua.

5) Contumaz é insistente.

O Contexto
1)B 2)D 3)C 4)A 5)B 6)D 7)D 8)A

09) abúlico – No contexto, Monsenhor Cinzas, ao contrário do que o nome possa sugerir, não é incolor, mas sanguíneo. Ora, seja o que for

abúlico, temos de aproximar de incolor, ou seja, o oposto de virulento e sanguíneo. Resposta E, desanimado.

10) Resposta C, perversidades.

11) Toda glória, alacridade, pulcritude, no texto, são opostos a cinzas. Logo, possuem aspectos positivos. Alacridade poderia, por eliminação, remeter a satisfação, mas na relação com glória há mais proximidade com estusiasmo. Resposta C.

12) Pulcritude, por eliminação é beleza. Pulcra quer dizer bela.

13)D 14)A 15)D 16)A 17)D 18)A 19)C
20)A 21)C 22)D 23)C 24)C

Parte 5

A Interdisciplinaridade e o ENEM

O ENEM se caracteriza pela interdisciplinaridade, isso quer dizer que não há propriamente uma fronteira de disciplinas entre os conteúdos abordados. O jornalismo pode se fundir com história e literatura, por exemplo.

Ocorre que o aluno do ensino médio foi educado pelo ensino compartimentado: entra um professor de história, sai o de química. A impressão que ficava é de que não havia comunicação entre as partes – que o conhecimento é algo estanque. Por isso, o ENEM exige uma postura nova do candidato – uma visão mais abrangente, mais generalista.

Estamos falando, portanto, em mudança de postura.

Outra marca registrada desta prova é a cobrança de habilidades, entre elas a interpretação, a capacidade de leitura do candidato. Ler é muito mais do que traduzir letras, mas entender o texto na sua extensão, observar as ideias explícitas e implícitas do autor. O candidato deverá, além de conhecer o conteúdo da matéria, compreender a situação apresentada.

Isso requer criticidade e não decoreba. Aquele aluno chamado de apostileiro, cara grudada na apostila, respondendo como um animal adestrado às perguntas, não serve para o ENEM.

Situações-problema, buscando unir conteúdos teóricos a práticas cotidianas da vida do cidadão são características nestas provas. Quanto aos textos, precisamos entender que texto é qualquer enunciado, um aviso no ônibus, um poema, uma charge, um gráfico. Não nos limitaremos, pois, neste livro, a entender texto no seu conceito mais popular.

Vejamos a tira abaixo, de Zé Dassilva, colaborador do jornal Diário Catarinense.

Sobre a tira de Zé Dassilva são feitas a seguintes afirmações:

A) O garoto em questão não gostava de sua atividade, pois era ilegal, mas trabalhava para agradar o pai.

B) O garoto exercia várias tarefas neste trabalho, como está expresso na segunda tira, mas gostava mesmo de conversar com os apostadores.

C) Viver em ambiente deste gênero não ajuda na formação de um jovem.

D) No Brasil, o trabalho de crianças é muito comum, como está subentendido na tira acima.

E) O garoto recebia pelo seu trabalho, e seu pai estava satisfeito com isso, como está subentendido no último quadro.

✒ Comentários

A única afirmação possível é E. Constata-se que as inferências feitas acerca da tira nas outras alternativas são realidades externas ao texto – ou seja – ligar a tira ao trabalho infantil é uma possibilidade de leitura, o leitor está exercendo sobre o texto sua força, jogando no texto seu componente de mundo. Qualquer leitor tem essa capacidade. O texto, portanto, é uma arena na qual ocorre o embate do produtor do texto e do leitor. Este leitor coloca no texto sua cultura, sua informação, sua forma de pensar o mundo, estabelecendo relações. Ocorre que essa leitura é o não-texto – o texto apenas incita o leitor. Desse modo, se o enunciado da questão trouxer o comando *segundo o texto*, ou *de acordo com o texto*, o aluno deverá limitar-se à realidade estreita do texto, sem exercer sobre ele inferências do mundo do leitor.

História e Jornalismo
ENEM

Leia um texto publicado no jornal Gazeta Mercantil. Esse texto é parte de um artigo que analisa algumas situações de crise no mundo, entre elas, a quebra da Bolsa de Nova Iorque em 1929, e foi publicado na época de uma iminente crise financeira no Brasil.

> Deu no que deu. No dia 29 de outubro de 1929, uma terça-feira, praticamente não havia compradores no pregão de Nova Iorque, só vendedores. Seguiu-se uma crise incomparável: o Produto Interno Bruto dos Estados Unidos caiu de 104 bilhões de dólares em 1929, para 56 bilhões em 1933, coisa inimaginável em nossos dias. O valor do dólar caiu a quase metade. O desemprego elevou-se de 1,5 milhão para 12,5 milhões de trabalhadores – cerca de 25% da população ativa – entre 1929 e 1933. A construção civil caiu 90%. Nove milhões de aplicações, tipo caderneta de poupança, perderam-se com o fechamento dos bancos. Oitenta e cinco mil firmas faliram. Houve saques, e norte-americanos passaram fome.
>
> *(Gazeta Mercantil, 05/01/99)*

1. Ao citar dados referentes à crise ocorrida em 1929, em um artigo jornalístico atual, pode-se atribuir ao jornalista a seguinte intenção:

A) questionar a interpretação da crise.
B) comunicar sobre o desemprego.
C) instruir o leitor sobre aplicações em bolsa de valores.
D) relacionar os fatos passados e presentes.
E) analisar dados financeiros americanos.

História
ENEM

(...) Depois de longas investigações, convenci-me por fim de que o Sol é uma estrela fixa rodeada de planetas que giram em volta dela e de que ela é o centro e a chama. Que, além dos planetas principais, há outros de segunda ordem que circulam primeiro como satélites em redor dos planetas principais e com estes em redor do Sol. (...) Não duvido de que os matemáticos sejam da minha opinião, se quiserem dar-se ao trabalho de tomar conhecimento, não superficialmente, mas duma maneira aprofundada, das demonstrações que darei nesta obra. Se alguns homens ligeiros e ignorantes quiserem cometer contra mim o abuso de invocar alguns passos da Escritura (Sagrada) a que torçam o sentido, desprezarei os seus ataques: as verdades matemáticas não devem ser julgadas senão por matemáticos.

(Copérnico. N. De Revolutionibus orbium caelestium.)

Aqueles que se entregam à prática sem ciência são como o navegador que embarca em um navio sem leme nem bússola. Sempre a prática deve fundamentar-se em boa teoria. Antes de fazer de um caso uma regra geral, experimente-o duas ou três vezes e verifique se as experiências produzem os mesmos efeitos. Nenhuma investigação humana pode-se considerar verdadeira ciência se não passa por demonstrações matemáticas.

(VINCI, Leonardo da. Carnets)

2. O aspecto a ser ressaltado em ambos os textos para exemplificar o racionalismo moderno é

A) a fé como guia das descobertas.
B) O senso crítico para se chegar a Deus.
C) A limitação da ciência pelos princípios bíblicos.
D) A importância da experiência e da observação.
E) O princípio da autoridade e da tradição.

Geografia
ENEM

Em material para análise de determinado marketing político, lê-se a seguinte conclusão:

> A explosão demográfica que ocorreu a partir dos anos 50, especialmente no Terceiro Mundo, suscitou teorias ou políticas demográficas divergentes. Uma primeira teoria, dos neomalthusianos, defende que o crescimento demográfico dificulta o desenvolvimento econômico, já que provoca uma diminuição na renda nacional per capita e desvia os investimentos do Estado para setores menos produtivos. Diante disso, o país deveria desenvolver uma rígida política de controle de natalidade. Uma segunda, a teoria reformista, argumenta que o problema não está na renda per capita e sim na distribuição irregular de renda, que não permite o acesso à educação e à saúde. Diante disso, o país deve promover a igualdade econômica e a justiça social.

3. Qual dos slogans abaixo poderia ser utilizado para defender o ponto de vista neomalthusiano?

A) "Controle populacional – nosso passaporte para o desenvolvimento."
B) "Sem reformas sociais o país se reproduz e não produz."
C) "População abundante, país forte!"
D) "O crescimento gera fraternidade e riqueza para todos."
E) "Justiça social, sinônimo de desenvolvimento."

4. Qual dos slogans abaixo poderia ser utilizado para defender o ponto de vista dos reformistas?
A) "Controle populacional já, ou o país não resistirá."
B) "Com saúde e educação, o planejamento familiar virá por opção!"
C) "População controlada, país rico!"
D) "Basta mais gente, que o país vai para frente!"
E) "População menor, educação melhor!"

Interpretação de Gráficos
ENEM

A tabela abaixo apresenta dados referentes à mortalidade infantil, à porcentagem de famílias de baixa renda com crianças menores de 6 anos e às taxas de analfabetismo das diferentes regiões brasileiras e do Brasil como um todo.

Regiões do Brasil	Mortalidade Infantil*	Famílias de baixa renda com crianças menores de seis anos (em %)	Taxa de analfabetismo em maiores de 15 anos (em %)
Norte	35,6	3,5	12,7
Nordeste	59,0	54,9	29,4
Sul	22,5	22,4	8,3
Sudeste	25,5	18,9	8,6
Centro-Oeste	25,4	25,5	12,4
Brasil	26,7	31,8	14,7

Suponha que um grupo de alunos recebeu a tarefa de pesquisar fatores que interferem na manutenção da saúde ou no desenvolvimento de doenças. O primeiro grupo deveria colher dados que apoiassem a ideia de que se combatendo agentes biológicos e químicos garante-se a saúde. Já o segundo grupo deveria coletar informações que reforçassem a ideia de que a saúde de um indivíduo está diretamente relacionada à sua condição socioeconômica.

5. Os dados da tabela podem ser utilizados apropriadamente para
A) apoiar apenas a argumentação do primeiro grupo.
B) apoiar apenas a argumentação do segundo grupo.
C) refutar apenas a posição a ser defendida pelo segundo grupo.
D) apoiar a argumentação dos dois grupos.
E) refutar as posições a serem defendidas pelos dois grupos.

Para convencer a população local da ineficiência da Companhia Telefônica Vilatel na expansão da oferta de linhas, um político publicou no jornal local o gráfico I, abaixo representado. A Companhia Vilatel respondeu publicando dias depois o gráfico II, onde pretende justificar um grande aumento na oferta de linhas. O fato é que, no período considerado, foram instaladas efetivamente 200 novas linhas telefônicas.

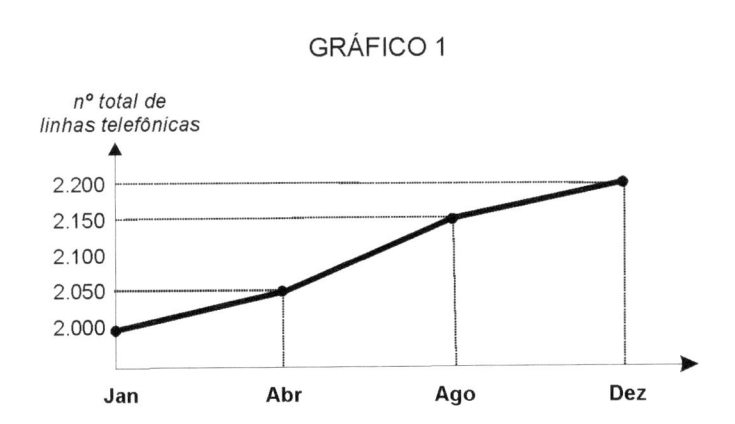

GRÁFICO 1

nº total de linhas telefônicas

Jan	Abr	Ago	Dez
2.000	2.050	2.150	2.200

GRÁFICO 2

nº total de linhas telefônicas

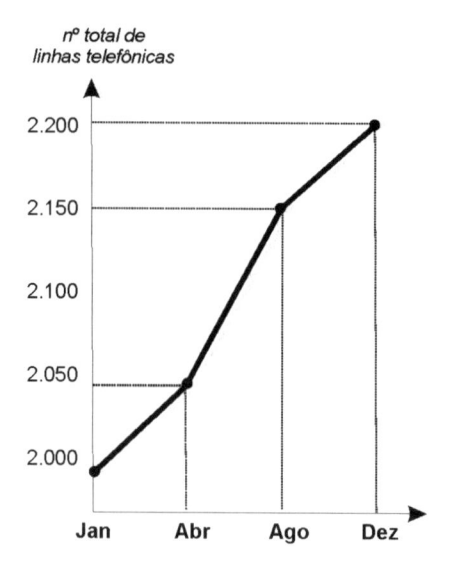

- 2.200 (Dez)
- 2.150 (Ago)
- 2.050 (Abr)
- 2.000 (Jan)

Eixo horizontal: Jan, Abr, Ago, Dez

6. Analisando os gráficos, pode-se concluir que

A) o gráfico II representa um crescimento real maior do que o do gráfico I.

B) o gráfico I apresenta o crescimento real, sendo o II incorreto.

C) o gráfico II apresenta o crescimento real, sendo o gráfico I incorreto.

D) a aparente diferença de crescimento nos dois gráficos decorre da escola das diferentes escalas.

E) os dois gráficos são incomparáveis, pois usam escalas diferentes.

Imprensa – Entrevista
ENEM

Leia o texto abaixo.

Cabelos longos, brinco na orelha esquerda, físico de skatista. Na aparência, o estudante brasiliense Rui Lopes Viana Filho, de 16 anos, não lembra em nada o estereótipo dos gênios. Ele não usa pesados óculos de grau e está longe de ter um ar introspectivo. No final do mês passado, Rui retornou de Taiwan, onde enfrentou 419 competidores de todo o mundo na 39a Olimpíada Internacional de Matemática. A reluzente medalha de ouro que ele trouxe na bagagem está dependurada sobre a cama de seu quarto, atulhado de rascunhos dos problemas matemáticos que aprendeu a decifrar nos últimos cinco anos.

Veja – Vencer uma olimpíada serve de passaporte para uma carreira profissional meteórica?

Rui – Nada disso. Decidi me dedicar à Olimpíada porque sei que a concorrência por um emprego é cada vez mais selvagem e cruel. Agora tenho algo a mais para oferecer. O problema é que as coisas estão mudando muito rápido e não sei qual será minha profissão. Além de ser muito novo para decidir sobre o meu futuro profissional, sei que esse conceito de carreira mudou muito.

(Entrevista de Rui Lopes Viana Filho à Veja, 05/08/98, número 31, p. 9-10)

7. Na pergunta, o repórter estabelece uma relação entre entrada do estudante no mercado de trabalho e a vitória na Olimpíada. O estudante

A) concorda com a relação e afirma que o desempenho na Olimpíada é fundamental para sua entrada no mercado.

B) discorda da relação e complementa que é fácil se fazer previsões sobre o mercado de trabalho.

C) discorda da relação e afirma que seu futuro profissional independe de dedicação aos estudos.

D) discorda da relação e afirma que seu desempenho só é relevante se escolher uma profissão relacionada à matemática.

E) concorda em parte com a relação e complementa que é complexo fazer previsões sobre o mercado de trabalho.

Intertextualidade

Quem não passou pela experiência de estar lendo um texto e defrontar-se com passagens já lidas em outros? Os textos conversam entre si em um diálogo constante. Esse fenômeno tem a denominação de intertextualidade. Leia os seguintes textos:

> (...) de modo particular, quero encorajar os crentes empenhados no campo da filosofia para que iluminem os diversos âmbitos da atividade humana, graças ao exercício de uma razão que se torna mais segura e perspicaz com o apoio que recebe da fé.
>
> (Papa João Paulo II. Carta Encíclica Fides et Ratio aos bispos da igreja católica sobre as relações entre fé e razão)

> As verdades da razão natural não contradizem as verdades da fé cristã.
>
> (São Tomás de Aquino – pensador medieval)

ENEM

8. Refletindo sobre os textos, pode-se concluir que

A) a encíclica papal está em contradição com o pensamento de São Tomás de Aquino, refletindo a diferença de épocas.
B) A encíclica papal procura complementar São Tomás de Aquino, pois este colocava a razão natural acima da fé.
C) A Igreja medieval valorizava a razão mais do que a encíclica de João Paulo II.
D) O pensamento teológico teve sua importância na Idade Média, mas, em nossos dias, não tem relação com o pensamento filosófico.
E) Tanto a encíclica papal como a frase de São Tomás de Aquino procuram conciliar os pensamentos sobre fé e razão.

Extratextualidade

Nas questões a seguir, a resposta está ligada aos conhecimentos exteriores ao texto, ou seja, o texto é mera figura ilustrativa.

História — Conhecimentos Gerais
ENEM

Em dezembro de 1998, um dos assuntos mais veiculados nos jornais era o que tratava da moeda única europeia. Leia a notícia destacada abaixo.

> O nascimento do Euro, a moeda única a ser adotada por onze países europeus a partir de 1º de janeiro, é possivelmente a mais importante realização deste continente nos últimos dez anos que assistiu à derrubada do Muro de Berlim, à reunificação das Alemanhas, à libertação dos países da Cortina de Ferro e ao fim da União Soviética. Enquanto todos esses eventos têm a ver com a desmontagem de estruturas do passado, o Euro é uma ousada aposta no futuro e uma prova da vitalidade da sociedade europeia. A "Euroland", região abrangida por Alemanha, Áustria, Bélgica, Espanha, Finlândia, França, Holanda, Irlanda, Itália, Luxemburgo e Portugal, tem um PIB (Produto Interno Bruto) equivalente a quase 80% do americano, 289 milhões de consumidores e responde por cerca de 20% do comércio internacional. Com este cacife, o Euro vai disputar com o dólar a condição de moeda hegemônica.
>
> *(Gazeta Mercantil, 30/12/98)*

9. A matéria refere-se à "desmontagem das estruturas do passado" que pode ser entendida como

A) o fim da Guerra Fria, período de inquietação mundial a qual dividiu o mundo em dois blocos ideológicos opostos.

B) A inserção de alguns países do Leste Europeu em organismos supranacionais, com o intuito de exercer o controle ideológico no mundo.

C) A crise do capitalismo, do liberalismo e da democracia levando à polarização ideológica da antiga URSS.

D) A confrontação dos modelos socialista e capitalista para deter o processo de unificação das duas Alemanhas.

E) A prosperidade das economias capitalista e socialista, com o consequente fim da Guerra Fria entre EUA e URSS.

Extratextualidade
UPF

(...)

Quando os relógios digitais passarem para 00 e os computadores não souberem o que está acontecendo, conhecerão a perplexidade, e talvez não consigam conviver com ela. Seria o caos. E nunca é demais lembrar que, pela primeira vez na história, o homem tem seus próprios meios para cumprir as previsões apocalípticas do milênio, sem depender de terceiros, como a natureza ou a ira divina.

(Luis Fernando Verissimo –ZH, 22/12/99)

10. Em "previsões apocalípticas do milênio" (última frase do texto) há uma referência a crenças em que a passagem para o novo milênio será marcada por

A) grandes inovações tecnológicas.
B) profundas transformações político-ideológicas.
C) ousadas incursões na conquista do espaço sideral.
D) radicais movimentos de cunho religioso.
E) monstruosos acontecimentos do fim dos tempos.

Um dos maiores problemas da atualidade é o aumento desenfreado do desemprego. O texto abaixo destaca esta situação.

O desemprego é hoje um fenômeno que atinge e preocupa o mundo todo. (...) a onda de desemprego recente não é conjuntural, ou seja, provocada por crises localizadas e temporais. Está associada a mudanças estruturais na economia, daí o nome de desemprego estrutural.

O desemprego manifesta-se hoje na maioria das economias, incluindo a dos países ricos. A OIT estima em l bilhão – um terço da força de trabalho mundial – o número de desempregados em todo o mundo em 1998. Desse total, 150 milhões encontram-se abertamente desempregados e entre 750 e 900 milhões estão subempregados.

(CD-ROM) Almanaque Abril 1999. São Paulo. Abril.)

11. Pode-se compreender o desemprego estrutural em termos de internacionalização da economia associada

A) a uma economia desaquecida, que provoca ondas gigantescas de desemprego, gerando revoltas e crises institucionais.

B) ao setor de serviços que se expande, provocando ondas de desemprego no setor industrial, atraindo essa mão-de-obra para este novo setor.

C) ao setor industrial que passa a produzir menos, buscando enxugar custos, provocando, com isso, demissões em larga escala.

D) a novas formas de gerenciamento de produção e novas tecnologias que são inseridas no processo produtivo, eliminando empregos que não voltam.

E) ao emprego informal que cresce, já que uma parcela da população não tem condições de regularizar o seu comércio.

História
ENEM

Os 45 anos que vão do lançamento das bombas atômicas até o fim da União Soviética não foram um período homogêneo único na história do mundo. (...) dividem-se em duas metades, tendo como divisor de águas o início da década de 70. Apesar disso, a história deste período foi reunida sob um padrão único pela situação internacional peculiar que o dominou até a queda da URSS.

(HOBSBAWM, Eric J. Era dos Extremos. São Paulo. Cia das Letras, 1996)

12. O período citado no texto e conhecido por "Guerra Fria" pode ser definido como aquele momento histórico em que houve

A) corrida armamentista entre as potências imperialistas européias, ocasionando a Primeira Guerra Mundial.

B) domínio dos países socialistas do Sul do globo pelos países capitalistas do Norte.

C) choque ideológico entre a Alemanha Nazista/ União Soviética Stalinista durante os anos 30.
D) disputa pela supremacia da economia mundial entre o Ocidente e as potências orientais, como a China e o Japão.
E) constante confronto das duas superpotências que emergiram da Segunda Guerra Mundial.

Geografia
ENEM
Uma pesquisadora francesa produziu o seguinte texto para caracterizar nosso país:

> O Brasil, quinto país do mundo em extensão territorial, é o mais vasto do hemisfério Sul. Ele faz parte essencialmente do mundo tropical, à exceção de seus estados mais meridionais, ao sul de São Paulo. O Brasil dispõe de vastos territórios subpovoados, como o da Amazônia, conhece também um crescimento urbano extremamente rápido, índices de pobreza que não diminuem e uma das sociedades mais desiguais do mundo. Qualificado de "terra de contrastes", o Brasil é um país moderno do Terceiro Mundo, com todas as contradições que isso tem por consequência.
>
> *(Adaptado de DROULER, Martine. Dictionnaire geopolitique des états.*
> *Organizado por Yves Lacoste. Paris. Éditions Flamarion, 1995)*

13. O Brasil é qualificado como uma "terra de contrastes" por
A) fazer parte do mundo tropical, mas ter um crescimento urbano semelhante ao dos países temperados.
B) não conseguir evitar seu rápido crescimento urbano, por ser um país com grande extensão de fronteiras terrestres e de costa.
C) possuir grandes diferenças sociais e regionais e ser considerado um país moderno do Terceiro Mundo.

D) possuir vastos territórios subpovoados, apesar de não ter recursos econômicos e tecnológicos para explorá-los.
E) ter elevados índices de pobreza, por ser um país com grande extensão territorial e predomínio de atividades rurais.

Literatura e História
ENEM

Viam-se de cima as casas acavaladas umas pelas outras, formando ruas, contornando praças. As chaminés principiavam a fumar; deslizavam as carrocinhas multicores dos padeiros; as vacas de leite caminhavam com o seu passo vagaroso, parando à porta dos fregueses, tilintando o chocalho; os quiosques vendiam café a homens de jaqueta e chapéu desabado; cruzavam-se na rua os libertinos retardios com os operários que se levantavam para a obrigação; ouvia-se o ruído estalado dos carros de água, o rodar monótono dos bondes.

(AZEVEDO, Aluísio de. Casa de Pensão.
São Paulo: Martins, 1973)

14. O trecho, retirado de romance escrito em 1884, descreve o cotidiano de uma cidade, no seguinte contexto:

A) a convivência entre elementos de uma economia agrária e os de uma economia industrial indicam o início da industrialização no Brasil, no século XIX.
B) Desde o século XVIII, a principal atividade da economia brasileira era industrial, como se observa no cotidiano descrito.
C) Apesar de a industrialização ter-se iniciado no século XIX, ela continuou a ser uma atividade pouco desenvolvida no Brasil.
D) Apesar da industrialização, muitos operários levantavam cedo, porque iam diariamente para o campo desenvolver atividades rurais.
E) A vida urbana, caracterizada pelo cotidiano apresentado no texto, ignora a industrialização existente na época.

PUC/RS

Geralmente o povo de uma nação inventa, interroga e venera algum tipo de imagem de si mesmo por duas razões. Para assoprar nas brasas do patriotismo ou porque faltam outros argumentos para justificar a existência da nação.

Felizmente, o caso do Brasil é este (não o primeiro). Nos falta uma história moderna de fazeres coletivos: Independência, República, Abolição vieram de cima. Não foi necessário que o povo batalhasse nas ruas. E nos faltam registros de experiência comum. Me explico. Saiam da atmosfera qualidade-total-controlada de um prédio da Paulista com pouso de helicóptero no terraço e enfrentem ônibus, boteco de vila e desmoronamentos. Verão que, entre elites e povo, a experiência básica de vida mal se sobrepõe.

Portanto, na hora de construir nossa nação moderna, era (ainda é) vital uma imagem que representasse a razão de estarmos juntos no Brasil. Como encontrá-la?

(Contardo Calligaris) – Época Especial "Nós, brasileiros" 24/05/99, p.11)

Ideia Central

15. O texto apresenta, como ideia central,

A) a falta de razões para o patriotismo dos brasileiros.
B) o confronto entre a História oficial e a nossa realidade.
C) a distância ainda existente entre ricos e pobres no país.
D) a hegemonia das elites sobre as massas populares no Brasil.
E) a necessária relação entre vivência compartilhada e identidade nacional.

Falso ou Verdadeiro

16. As ideias apresentadas pelo autor no texto NÃO permitem concluir que

A) a qualidade de vida dos paulistas não tem equivalente no país.
B) as transformações políticas de uma nação deveriam ser fruto de construção coletiva.
C) o Brasil é um país de extremos no que diz respeito às diferenças sociais.

D) toda nação precisa ter sua existência justificada.
E) o Brasil ainda não é uma nação moderna.

17. A sequência que melhor corresponde ao modo como as ideias do primeiro parágrafo se relacionam com as do segundo é:
A) do mais genérico para o mais específico.
B) do mais exemplificativo para o mais informativo.
C) do mais concreto para o mais abstrato.
D) do mais improvável para o mais provável.
E) do mais afastado para o mais próximo no tempo.

PUC/RS
OS AMERICANOS PREFEREM A UNITED.
OS FRANCESES, A AIR FRANCE.
OS INGLESES, A BRITISH.
OS ALEMÃES, A LUFTHANSA.
E VOCÊ, BRASILEIRO?

Assim como as pessoas torcem pela sua seleção, elas preferem viajar com a companhia aérea de seu país. Nada mais natural: é a mesma língua, a mesma cultura e o mesmo jeito que fazem elas se sentirem em casa, ainda que a milhares de quilômetros de distância.

Para os brasileiros, os motivos para escolher a Varig são maiores. A Varig é a companhia aérea que mais voa no Brasil e, do Brasil, para o mundo. É a que tem o mais completo programa de milhagem, o Smiles. Tem estrutura e know-how como as melhores companhias aéreas internacionais. E um atendimento caloroso que, convenhamos, nenhuma outra no mundo tem.

Na sua próxima viagem, não torça para o time dos outros: escolha a Varig. Não é só uma questão de patriotismo, mas de conveniência também.

VARIG
A NOSSA COMPANHIA AÉREA

18. A peça publicitária da Varig tem como público-alvo
A) brasileiros que se encontram a milhares de quilômetros do país.
B) todos os brasileiros, indiscriminadamente.
C) brasileiros que preferem viajar para o exterior.
D) brasileiros que costumam viajar pela Varig.
E) brasileiros que estão em vias de fazer uma viagem.

19. Considerando as comparações presentes no texto, NÃO é correto concluir que o autor
A) equipara a preferência por voar numa companhia nacional com outros marcos da cultura de um povo.
B) destaca a superioridade da Varig sobre todas as companhias aéreas em relação à quantidade de voos no mundo todo.
C) sugere que os brasileiros, além do patriotismo, têm outros motivos mais fortes para preferir a Varig.
D) iguala os serviços da Varig ao que existe de melhor no mundo neste setor.
E) afirma que a Varig supera todas as demais companhias aéreas na acolhida aos passageiros.

Intertextualidade

Ainda sobre os textos que falam entre si, verifique os exemplos abaixo:

I
Quando nasci, um anjo torto
Desses que vivem na sombra
Disse: Vai, Carlos! Ser "gauche" na vida

(ANDRADE, Carlos Drummond de. Alguma poesia.
Rio de Janeiro. Aguillar, 1964)

II
Quando nasci veio um anjo safado
O chato dum querubim
E decretou que eu tava predestinado
A ser errado assim
Já de saída a minha estrada entortou
Mas vou até o fim.

(BUARQUE, Chico. Letra e Música. São Paulo. Cia das Letras, 1989)

III
Quando nasci um anjo esbelto,
Desses que tocam trombeta, anunciou:
Vai carregar bandeira.
Carga muito pesada pra mulher
Esta espécie ainda envergonhada.

(PRADO, Adélia. Bagagem. Rio de Janeiro. Guanabara, 1986)

ENEM

20. Adélia Prado e Chico Buarque estabelecem intertextualidade, em relação a Carlos Drummond de Andrade, por

A) reiteração de imagens.
B) oposição de ideias.
C) falta de criatividade.
D) negação dos versos.
E) ausência de recursos.

Observe os dois textos a seguir. O primeiro é esta belíssima poesia de Drummond. Poesia com linguagem simples, narrativa, com discurso direto. No segundo, temos uma notícia publicada em jornal, igualmente narrativa. Aqui temos a vida imitando a arte – Drummond foi premonitório e atentou para a violência urbana muito antes de ela eclodir barbaramente como ocorre hoje.

O poeta consegue transmitir a pureza do personagem principal, para acentuar a gravidade da injustiça. O poeta consegue instigar os sentidos do leitor: num primeiro momento, a audição (sem fazer barulho, é claro/que barulho nada resolve); no final temos a visão (duas cores se procuram/suavemente se tocam/amorosamente se enlaçam).

No texto jornalístico, há uma ideia clara de tempo, a objetividade buscada nesta atividade, despida a narrativa da subjetividade empregada na exaltação dos sentidos.

Texto 1

Morte do Leiteiro

Há pouco leite no país,
é preciso entregá-lo cedo.
Há muita sede no país,
é preciso entregá-lo cedo.
Há no país uma legenda,
que ladrão se mata com tiro.

Então o moço que é leiteiro
de madrugada com sua lata
sai correndo e distribuindo
leite bom para gente ruim.
Suas garrafas
e seus sapatos de borracha
vão dizendo aos homens no sono
que alguém acordou cedinho
e veio do último subúrbio
trazer o leite mais frio
e mais alvo da melhor vaca
para todos criarem força
na luta brava da cidade.

Na mão a garrafa branca
não tem tempo de dizer

as coisas que lhe atribuo
nem o moço leiteiro ignaro,
morador na Rua Namur,
empregado no entreposto,
com 21 anos de idade,
sabe lá o que seja impulso
de humana compreensão.
E já que tem pressa, o corpo
vai deixando à beira das casas
uma apenas mercadoria.

E como a porta dos fundos
também escondesse gente
que aspira ao pouco de leite
disponível em nosso tempo,
avancemos por esse beco,
peguemos o corredor,
depositemos o litro...

Sem fazer barulho, é claro,
que barulho nada resolve.

Meu leiteiro tão sutil
de passo maneiro e leve,
antes desliza que marcha.
É certo que algum rumor
sempre se faz: passo errado,
vaso de flor no caminho,
cão latindo por princípio,
ou gato quizilento.
E há sempre um senhor
que acorda,
resmunga e torna a dormir.
Mas este acordou em pânico
(ladrões infestam o bairro),
não quis saber de mais nada.
O revólver da gaveta
saltou para sua mão.

Ladrão? se pega com tiro.
Os tiros na madrugada
liquidaram meu leiteiro.
Se era noivo, se era virgem,
se era alegre, se era bom,
não sei,
é tarde para saber.

Mas o homem perdeu o sono
de todo, e foge pra rua.
Meu Deus, matei
um inocente.
Bala que mata gatuno
também serve pra furtar
a vida de nosso irmão.
Quem quiser
que chame médico,
polícia não bota a mão
neste filho de meu pai.
Está salva a propriedade.
A noite geral prossegue
a manhã custa a chegar,
mas o leiteiro
estatelado, ao relento,
perdeu a pressa que tinha
Da garrafa estilhaçada,
no ladrilho já sereno
escorre uma coisa espessa
que é leite, sangue...não sei.
Por entre objetos confusos,
mal redimidos da noite,
duas cores se procuram,
suavemente se tocam,
amorosamente se enlaçam,
formando um terceiro tom
a que chamamos aurora.

                                                C. Drummond de Andrade

Texto 2

Biscateiro morto por engano

Uma mulher pensou que estava sendo assaltada e atirou num mudo

Morando há menos de um mês numa casa na Avenida Bento Gonçalves, Lúcia não havia tido chance de conhecer um tradicional personagem da rua – o Mudinho. O homem de estatura média e de aproximadamente 45 anos vivia de pequenos biscates e era querido por moradores e comerciantes da área.

Na manhã de ontem, Mudinho – como fazia diariamente – entrou pelo pátio de uma oficina mecânica para chegar a um estreito corredor localizado nos fundos da casa vizinha à residência de Lúcia. Ali, sobre uma janela basculante, o biscateiro guardava suas roupas velhas e outros pertences.

Ao ouvir o barulho, Lúcia perguntou quem estava ali. Devido a problemas de dicção, Mariano não conseguiu responder. Recebeu um tiro de revólver calibre 38 na barriga e morreu no local.

Ao redor do corpo, moradores reclamavam da violência cometida contra o biscateiro. "Já faz mais de 20 anos que ele vivia por aqui e nunca fez mal a ninguém", disse o mecânico Afonso Joaquim Ramos Labatut, 33 anos. "Essa mulher gosta de brincar com arma e ontem mesmo fez dois disparos".

Na DP, a empresária disse que fez os disparos na quarta-feira porque dois homens haviam tentado arrombar sua loja de móveis, que funciona na frente da casa. Quanto à morte do biscateiro, Lúcia alegou legítima defesa. "Pensei que estavam arrombando minha casa." A empresária vai responder em liberdade a um inquérito policial por homicídio.

(Zero Hora 30-08-96)

21. Assinale **C** ou **E**, segundo os textos.
1) Os textos revelam a brutalidade da vida nas grandes cidades e a violência, em especial contra os mais humildes.
2) Drummond assinala a hipocrisia humana, nem a morte de um leiteiro muda a rotina do bairro.

3) No segundo texto, diferente do primeiro, a polícia se faz presente.
4) Ambos os textos revelam a incompetência das forças instituídas para fazer a segurança das grandes cidades.
5) O tema central em ambos os textos é a morte e a transitoriedade da vida.

Um estudo recente feito no Pantanal dá uma boa ideia de como o equilíbrio entre as espécies, na natureza, é um verdadeiro quebra-cabeça. As peças do quebracabeça são o tucano-toco, a arara-azul e o manduvi. O tucano-toco é o único pássaro que consegue abrir o fruto e engolir a semente do manduvi sendo, assim, o principal dispersor de suas sementes. O manduvi, por sua vez, é uma das poucas árvores onde as araras-azuis fazem seus ninhos.

Até aqui, tudo parece bem encaixado, mas... é justamente o tucano-toco o maior predador de ovos de arara-azul – mais da metade dos ovos das araras são predados pelos tucanos. Então, ficamos na seguinte encruzilhada: se não há tucanos-toco, os manduvis se extinguem, pois não há dispersão de suas sementes e não surgem novos manduvinhos, e isso afeta as araras-azuis, que não têm onde fazer seus ninhos. Se, por outro lado, há muitos tucanos-toco, eles dispersam as sementes dos manduvis, e as araras-azuis têm muito lugar para fazer seus ninhos, mas seus ovos são muito predados.

Internet: <http://oglobo.globo.com> (com adaptações)

22. De acordo com a situação descrita
A) o manduvi depende diretamente tanto do tucanotoco como da arara-azul para sua sobrevivência.
B) o tucano-toco, depois de engolir sementes de manduvi, digere-as e torna-as inviáveis.
C) a conservação da arara-azul exige a redução da população de manduvis e o aumento da população de tucanos-toco.
D) a conservação das araras-azuis depende também da conservação dos tucanos-toco, apesar de estes serem predadores daquelas.

E) a derrubada de manduvis em decorrência do desmatamento diminui a disponibilidade de locais para os tucanos fazerem seus ninhos.

ENEM

Torno a ver-vos, ó montes: o destino
Aqui me torna a pôr nestes outeiros,
Onde um tempo os gabões deixei grosseiros
Pelo traje da Corte, rico e fino.

Aqui estou entre Almendro, entre Corino,
Os meus fiéis, meus doces companheiros,
Vendo correr os míseros vaqueiros
Atrás de seu cansado desatino.

Se o bem desta choupana pode tanto,
Que chega a ter mais preço, e mais valia
Que, da Cidade, o lisonjeiro encanto.
Aqui descanso a louca fantasia,
E o que até agora se tornava em pranto
Se converta em afetos de alegria.

Cláudio Manoel da Costa. In: Domício Proença Filho. A poesia dos inconfidentes. Rio de Janeiro: Nova Aguilar, 2002, p. 78/9.

23. Considerando o soneto de Cláudio Manoel da Costa e os elementos constitutivos do Arcadismo brasileiro, assinale a opção correta acerca da relação entre o poema e o momento histórico de sua produção.

A) Os "montes" e "outeiros", mencionados na primeira estrofe, são imagens relacionadas à Metrópole, ou seja, ao lugar onde o poeta se vestiu com traje "rico e fino".

B) A oposição entre a Colônia e a Metrópole, como núcleo do poema, revela uma contradição vivenciada pelo poeta, dividido entre a civilidade do mundo urbano da Metrópole e a rusticidade da terra da Colônia.

C) O bucolismo presente nas imagens do poema é elemento estético do Arcadismo que evidencia a preocupação do poeta árcade em realizar uma representação literária realista da vida nacional.
D) A relação de vantagem da "choupana" sobre a "Cidade", na terceira estrofe, é formulação literária que reproduz a condição histórica paradoxalmente vantajosa da Colônia sobre a Metrópole.
E) A realidade de atraso social, político e econômico do Brasil Colônia está representada esteticamente no poema pela referência, na última estrofe, à transformação do pranto em alegria.

ENEM

William James Herschel, coletor do governo inglês, iniciou na Índia seus estudos sobre as impressões digitais que firmavam com o governo. Essas impressões serviam de assinatura. Aplicou-as, então, aos registros de falecimentos e usou esse processo nas prisões inglesas, na Índia, para reconhecimento dos fugitivos. Henry Faulds, outro inglês, médico de hospital em Tóquio, contribuiu para o estudo da datiloscopia. Examinando impressões digitais em peças de cerâmica préhistórica japonesa, previu a possibilidade de se descobrir um criminoso pela identificação das linhas papilares e preconizou uma técnica para a tomada de impressões digitais, utilizando-se de uma placa de estanho e de tinta de imprensa.

internet: <www.fo.usp.br> (com adaptações)

24. Que tipo de relação orientava os esforços que levaram à descoberta das impressões digitais pelos ingleses e, posteriormente, à sua utilização nos dois países asiáticos?
A) De fraternidade, já que ambos visavam aos mesmos fins, ou seja, autenticar contratos.

B) De dominação, já que os nativos puderam identificar os ingleses falecidos com mais facilidade.
C) De controle cultural, já que Faulds usou a técnica para libertar os detidos nas prisões japonesas.
D) De colonizador-colonizado, já que na Índia, a invenção foi usada em favor dos interesses da coroa inglesa.
E) De médico-paciente, já que Faulds trabalhava em um hospital de Tóquio.

ENEM

25. O sistema de fusos horários foi proposto na Conferência Internacional do Meridiano, realizada em Washington, em 1884. Cada fuso corresponde a uma faixa de 15° entre dois meridianos. O meridiano de Greenwich foi escolhido para ser a linha mediana do fuso zero. Passando-se o meridiano pela linha mediana de cada fuso, enumeram-se 12 fusos para leste e 12 fusos para oeste do fuso zero, obtendo-se, assim, os 24 fusos e o sistema de zonas de horas. Para cada fuso a leste do fuso zero, soma-se 1 hora, e, para cada fuso a oeste do fuso zero, subtrai-se 1 hora. A partir da Lei nº 11.662/2008, o Brasil, que fica a oeste de Greenwich e tinha quatro fusos, passa a ter somente 3 fusos horários.

Em relação ao fuso zero, o Brasil abrange os fusos 2, 3 e 4. Por exemplo, Fernando de Noronha está no fuso 2, o estado do Amapá está no fuso 3 e o Acre, no fuso 4.

A cidade de Pequim, que sediou os XXIX Jogos Olímpicos de Verão, fica a leste de Greenwich, no fuso 8. Considerando-se que a cerimônia de abertura dos jogos tenha ocorrido às 20h8min, no horário de Pequim, do dia 8 de agosto de 2008, a que horas os brasileiros que moram no estado do Amapá devem ter ligado seus televisores para assistir ao início da cerimônia de abertura?

A) 9h8min, do dia 8 de agosto.
B) 12h8min, do dia 8 de agosto.

C) 15h8min, do dia 8 de agosto.
D) 1h8min, do dia 9 de agosto.
E) 4h8min, do dia 9 de agosto.

ENEM

26. A linguagem utilizada pelos chineses há milhares de anos é repleta de símbolos, os ideogramas, que revelam parte da história desse povo. Os ideogramas primitivos são quase um desenho dos objetos representados. Naturalmente, esses desenhos alteraram-se com o tempo, como ilustra a seguinte evolução do ideograma 馬, que significa cavalo e em que estão representados cabeça, cascos e cauda do animal.

Considerando o processo mencionado acima, escolha a sequência que poderia representar a evolução do ideograma chinês para a palavra luta.

A)
B)
C)
D)
E)

Parte 6

Testes

Em nome de deus

Algures na Índia. Uma fila de peças de artilharia em posição. Atado à boca de cada uma delas há um homem. No primeiro plano da fotografia um oficial britânico ergue a espada e vai dar ordem de fogo. Não dispomos de imagens do efeito dos disparos, mas até a mais obtusa das imaginações poderá "ver" cabeças e troncos dispersos pelo campo de tiro, restos sanguinolentos, vísceras, membros amputados. Os homens eram rebeldes. Algures em Angola. Dois soldados portugueses levantam pelos braços um negro que talvez não esteja morto, outro soldado empunha um machete e prepara-se para lhe separar a cabeça do corpo. Esta é a primeira fotografia. Na segunda, desta vez há uma segunda fotografia, a cabeça já foi cortada, está espetada num pau, e os soldados riem. O negro era um guerrilheiro. Algures em Israel. Enquanto alguns soldados israelitas imobilizam um palestino, outro militar parte-lhe à martelada os ossos da mão direita. O palestino tinha atirado pedras. Estados Unidos da América do Norte, cidade de Nova Iorque. Dois aviões comerciais norte-americanos, sequestrados por terroristas relacionados com o integrismo islâmico, lançam-se contra as torres do World Trade Center e deitam-nas abaixo. Pelo mesmo processo, um terceiro avião causa danos enormes no edifício do Pentágono, sede do poder bélico dos "States". Os mortos, soterrados nos escombros, reduzidos a migalhas, volatilizados. Contam-se por milhares.

As fotografias da Índia, de Angola e de Israel atiram-nos com o horror à cara, as vítimas são-nos mostradas no próprio instante da tortura, da agônica expectativa da morte ignóbil. Em Nova Iorque, tudo pareceu irreal ao princípio, episódio repetido e sem novidade de mais uma catástrofe cinematográfica, realmente empolgante pelo grau de ilusão conseguido pelo engenheiro de efeitos especiais, mas limpo de estertores, de jorros de sangue, de carnes esmagadas, de ossos triturados, de merda. O horror, agachado como um animal imundo, esperou que saíssemos da estupefação para nos saltar à garganta. O horror disse pela primeira vez "aqui estou" quando aquelas pessoas saltaram para o vazio como se tivessem acabado de escolher uma sorte que fosse sua. Agora ele aparecerá a cada instante ao removerem-se uma pedra, um pedaço de parede, uma chapa de alumínio retorcida, e mostrar-se-á numa cabeça irreconhecível, num braço, numa perna, num abdômen desfeito, num tórax espalmado. Mas até mesmo isto é repetitivo e monótono, de certo modo já conhecido pelas imagens que nos chegaram daquele Ruanda-de-um-milhão-de-mortos, daquele Vietnã cozido a napalme, daquelas execuções em estádios cheios de gente, daqueles linchamentos e espancamentos daqueles soldados iraquianos sepultados vivos debaixo de toneladas de areia, daquelas bombas atômicas que arrasaram e calcinaram Hiroshima e Nagasaki, daqueles crematórios nazistas a vomitar cinzas, daqueles caminhões a despejar cadáveres como se de lixo se tratasse. De algo sempre haveremos de morrer, mas já se perdeu a conta aos seres humanos mortos das piores maneiras que seres humanos foram capazes de inventar. Uma delas, a mais criminosa, a mais absurda, a que mais ofende a simples razão, é aquela que, desde o princípio dos tempos e das civilizações, tem mandado matar em nome de Deus. Já foi dito que as religiões, todas elas, sem exceção, nunca serviram para aproximar e congraçar os homens, que, pelo contrário, foram e continuam a ser causa de sofrimentos inenarráveis , de morticínios, de monstruosas violências físicas e espirituais que constituem um dos mais tenebrosos capítulos da miserável história humana. Ao menos em sinal de respeito pela vida, deveríamos ter a coragem de proclamar em todas as circunstâncias essa verdade evidente e demonstrável, mas a maioria dos crentes de qualquer religião não só fingem ignorá-lo, como se levantam iracundos e intolerantes contra aqueles para quem Deus não é mais que um nome, o nome que, por medo de morrer, lhe pusemos um dia e que viria a travar-nos o passo para uma humanização real. Em troca, prometeram-nos paraísos e ameaçaram-nos com infernos, tão falsos uns como outros, insultos descarados a uma inteligência e a um sentido comum que tanto trabalho nos deram a criar. Disse Nietzche que tudo seria permitido se Deus não existisse, e eu respondo que precisamente por causa e em nome de Deus é que se tem permitido e justificado tudo, principalmente o pior, principalmente o mais horrendo e cruel. Durante séculos a Inquisição foi, ela também, como hoje os talebanes, uma organização terrorista que se dedicou a interpretar perversamente textos sagrados que deveriam merecer o respeito de quem neles dizia crer, um monstruoso conúbio pactuado entre a religião e o Estado contra a liberdade de consciência e contra o mais humano dos direitos: o direito a dizer não, o direito à heresia, o direito a escolher outra coisa, que isso só a palavra heresia significa.

E, contudo, Deus está inocente. Inocente como algo que não existe, que não existiu nem existirá nunca, inocente de haver criado um universo inteiro para colocar nele seres capazes de cometer os maiores crimes para logo virem justificar-se dizendo que são celebrações do seu poder e da sua glória, enquanto os mortos se vão acumulando, estes das torres gêmeas de Nova Iorque, e todos os outros que, em nome de um Deus tornado assassino pela vontade e pela ação dos homens, cobriram e teimam em cobrir de terror e sangue as páginas da história. Os deuses, acho eu, só existem no cérebro humano, prosperam ou definham dentro do mesmo universo que os inventou, mas o "fator Deus" esse, está presente na vida como se efetivamente fosse o dono e o senhor dela. Não é um deus, mas o "fator Deus" o que se exibe nas notas de dólar e se mostra nos cartazes que pedem para a América (a dos Estados Unidos, não a outra...) a bênção divina. E foi o "fator Deus" em que o deus islâmico se transformou, que atirou contra as torres do World Trade Center os aviões da revolta contra os desprezos e da vingança contra as humilhações. Dir-se-á que um deus andou a semear ventos e que outro deus responde agora com tempestades. É possível, é mesmo certo. Mas não foram eles, pobres deuses sem culpa, foi o "fator Deus", esse que é terrivelmente igual em todos os seres humanos onde quer que estejam e seja qual for a religião que professem, esse que tem intoxicado o pensamento e aberto as portas às intolerâncias mais sórdidas, esse que não respeita senão aquilo em que manda crer, esse que, depois de presumir ter feito da besta um homem, acabou por fazer do homem uma besta.

Ao leitor crente (de qualquer crença...) que tenha conseguido suportar a repugnância que estas palavras provavelmente lhe inspiraram, não peço que se passe ao ateísmo de quem as escreveu. Simplesmente lhe rogo que compreenda, pelo sentimento de não poder ser pela razão, que, se há Deus, há só um Deus, e que, na sua relação com Ele, o que menos importa é o nome que lhe ensinaram a dar. E que desconfie do "fator Deus". Não faltam ao espírito humano inimigos, mas esse é um dos mais pertinazes e corrosivos. Como ficou demonstrado e desgraçadamente continuará a demonstrar-se.

(José Saramago (adaptado) – Folha de S. Paulo – 19/09/2001)

01. Segundo o texto, podemos afirmar que:
A) Deus não está inocente, por ser, em boa parte, culpado de todas as atrocidades citadas no texto.
B) Sempre que um Deus semear vento colherá tempestade.
C) É convicção do autor de que os deuses existem apenas na mente do homem.
D) As religiões, ao invés de congraçar os homens, servem como sofrimento.
E) Ao leitor de fé o autor pede que reflita e perceba que o que importa é o nome que se dá ao deuses.

02. Atente às seguintes observações:
I) As atrocidades cometidas antes pelos americanos, especialmente as ligadas às bombas atômicas, justificam as atitudes dos talebanes.
II) O horror ocorrido em Nova Iorque não foi diferente das demais atrocidades relacionadas no texto.
III) O homem, em nome de seu Deus, soube inventar as formas mais atrozes de matar.

IV) O paraíso ou o inferno, para o autor, são invenções do próprio homem.

Qual (ais) é (são) verdadeiras?
a) Apenas I;
b) II e III;
c) II, III e IV
d) III e IV:
e) II e IV.

Comentários

O texto em questão foi publicado logo após o episódio da queda das Torres Gêmeas. Saramago faz uma importante e corajosa reflexão sobre a religião. Trata-se de um artigo, opinativo, que busca convencimento do leitor. O aluno que ser prepara para o vestibular, para concursos públicos e especialmente para o ENEM deve ter leitura atenta sobre os assuntos ligados à atualidade.

A leitura atenta de jornais e de revistas semanais deve fazer parte da rotina de preparação dos candidatos.

Evidentemente que se trata de um texto longo, que seria editado, diminuído para fazer parte de uma prova. No entanto, como estamos treinando leitura, fica aqui para uma reflexão do candidato sobre o assunto polêmico.

UFRGS

As questões 03, 04, e 05 referem-se ao texto abaixo.

01   Os processos da história mítica são francamente irracionais. Como se
02   explica que, apesar do seu lúgubre estalinismo, Che Guevara tenha
03   adquirido uma aura romântica que ofusca a de qualquer outro herói

04 do século 20, culminando hoje na sua santificação entre camponeses
05 bolivianos?
06   Essa aura romântica começou a se formar quando, abandonando
07 uma prestigiosa posição no regime cubano, se internou no Congo para
08 lutar contra uma corrupta e sanguinária ditadura neocolonialista. E
09 tornou-se legendária em decorrência de sua trágica aventura na Bolívia.
10   Che Guevara morreu antes das suas ideias e, graças a isso, não só
11 escapou do eclipse histórico, como se transformou num dos símbolos e
12 ícones da nossa época. Seus métodos eram autoritário, sua base teórica,
13 extremamente superficial, e seu projeto econômico-social fracassou mi-
14 seravelmente. Imortalizou-o uma das qualidades mais raras e admiradas
15 entre os homens – uma nobre e indômita coragem, exatamente o fasci-
16 nante traço essencial do herói.
17   O Che foi um herói do nosso tempo – um tempo feito de mes-
18 quinho egoísmo e opaca mediocridade. É natural que seja especialmente
19 venerado por jovens de classe média, da qual também ele provinha:
20 encarna o herói que a maioria desses jovens gostaria de encarnar, mas
21 não consegue.

(Adaptado de: FREITAS, Décio. O profeta da guerrilha.
Zero Hora, 13 de julho, 1997, p.19.)

03. Assinale a única alternativa que NÃO encontra suporte no texto.
A) Che Guevara é o maior herói romântico do século em que vivemos.
B) Che Guevara fracassou porque defendia ideias extremamente avançadas para o seu tempo.
C) A sustentação teórica, as formas de ação e o projeto econômico-social de Che não justificam notoriedade.
D) O desaparecimento físico de Guevara e o desaparecimento de suas ideias ocorreram em momentos diferentes.
E) Uma das características de Che Guevara era sua extrema coragem, que contrasta com características dominantes em nossa época.

04. Considere as seguintes afirmações a respeito do texto.
I. Do uso do advérbio <u>especialmente</u> (l.18), pode-se depreender que Che Guevara não é exclusivamente admirado por jovens de classe média.
II. O autor sugere que a irracionalidade do personagem Che Guevara provém de sua adesão ao lúgubre estalinismo (l.2)
III. O autor do texto conviveu com Che Guevara, como se pode inferir das expressões nossa época (l.12) e nosso tempo (l.17).

Quais estão corretas?
A) Apenas I.
B) Apenas II.
C) Apenas I e III.
D) Apenas II e III.
E) I, II e III.

05. Assinale a alternativa que apresenta sinônimos convenientes para as palavras <u>romântica</u> (l.6), <u>indômita</u> (l.15) e <u>venerado</u> (l.19).
A) poética – invencível – reverenciado.
B) fictícia – insensível – reverenciado.
C) amorosa – invencível – imitado.
D) poética – insensível – reverenciado.
E) amorosa – insensível – imitado.

UFRGS

A questão de número 06 refere-se ao texto abaixo.

01   A deterioração dos centros urbanos tomou conta dos noticiários.
02 A cidade é a demência. A cidade é a selva. Mas a televisão sempre ofe-
03 rece compensações e, para aliviar o show do caos urbano, ela exibe o
04 idílio da vida campestre. É assim que, na ficção e na publicidade, reina

05 o videobucolismo, esse gênero de fantasia em que a grama não tem
06 formiga, as cobras não têm veneno e as mulheres não têm vergonha.
07   Chinelos, cigarros, margarinas e cartões de crédito buscam os ce-
08 nários de praias vazias, fazendas inocentes e montanhas íngremes para
09 aumentar sua promessa de gozo. E há também caminhonetes enormes,
10 as tais off-road, que se anunciam rodando sobre escarpas, pântanos e
11 rochas cortantes. A felicidade mora longe do asfalto.
12   Mas é curioso: essa mesma fabricação imaginária que santifica a
13 natureza contribui para agravar ainda mais a selvageria nas cidades.
14 Basta observar. Transeuntes se trajam como quem vai enfrentar o mato,
15 os bichos, o desconhecido. Relógios de mergulhadores são ostentados
16 por garotos que mal sabem ver as horas; botas de vaqueiro, próprias
17 para pisar currais, frequentam cerimônias de casamento; fardas militares
18 de guerrilheiros amazônicos passeiam pelos shoppings. No trânsito,
19 jipes brucutus viraram a última moda. Com pneus gigantescos e agres-
20 sivos do lado de fora, e estofamento de couro do lado de dentro, são
21 uma versão sobre quatro rodas dos condomínios fechados. Em breve,
22 começarão a circular com parachoques de arame farpado.
23   A distância entre um motorista de vidros lacrados e o mendigo que
24 pede esmola no sinal vermelho é maior do que a distância entre aquele
25 e as trilhas agrestes das novelas e dos comerciais. Nas ruas esburacadas
26 das metrópoles, ele talvez se sinta escalando falésias. No coração desses
27 dois homens, que se olham sem se ver através dessa estranha televisão que
28 é o vidro de um carro, a cidade embrutecida é a pior de todas as selvas.

(Fonte: BUCCI, Eugênio. Cidades dementes.
Veja, 2 de julho,1997,p.17.)

06. Considere as seguintes afirmações.
   I.   Do texto conclui-se que o ser humano só encontra felicidade no retorno à natureza.
   II. O autor defende que os meios de comunicação deveriam explorar o anseio do homem civilizado pelo retorno à natureza.

III. Ao explicar o termo videobucolismo (l.5), o autor mostra que a vida campestre, na realidade é muito diferente do que a mostrada na tevê.

IV. O autor entende que, ao utilizarmos vestimentas ou meios de transporte próprios para a vida rural, temos a ilusão de recriar a atmosfera campestre.

Quais estão corretas?
A) Apenas I e II.
B) Apenas II e III.
C) Apenas III e IV.
D) Apenas I, II e III.
E) Apenas II, III e IV.

UFRGS
As questões de 07 a 09 referem-se ao texto abaixo.

Uma outra eucaristia

01   Em 1952, inspirado nas descrições do viajante Hans Staden, o
02 alemão De Bry desenhou as cerimônias de canibalismo de índios
03 brasileiros. São documentos de alto valor histórico (...). Porém, não
04 podem ser vistos como retratos exatos: o artista, sob a influência do
05 renascimento, mitigou a violência antropofágica com imagens idea-
06 lizadas de índios, que ganharam traços e corpos esbeltos de europeus.
07 As índias ficaram rechonchudas como as divas sensuais do pintor
08 holandês Rubens.
09   No século XX, o pintor brasileiro Portinari trabalhou o mesmo tema.
10 Utilizando formas densas, rudes e nada idealizadas, Portinari evitou o
11 ângulo do colonizador, e procurou não fazer julgamentos. A Antropo-
12 logia persegue a mesma coisa: investigar, descrever e interpretar as
13 culturas em toda a sua diversidade desconcertante. Assim, ela é capaz
14 de revelar que o canibalismo é uma experiência simbólica e transcen-
15 dental – jamais alimentar.

16 Até os anos 50, waris e kaxinawás comiam pedaços dos corpos de
17 seus mortos. Ainda hoje, os yanomamis misturam as cinzas dos amigos
18 no purê de banana. Ao observar esses rituais, a Antropologia aprendeu
19 que, na antropofagia que chegou ao século XX, o que há é um ato
20 amoroso e religioso, destinado a ajudar a alma do morto a alcançar o
21 céu. A SUPER, ao contar toda a história para você, pretende superar os
22 olhares preconceituosos, ampliar o conhecimento que os brasileiros
23 têm do Brasil e estimular o respeito às culturas indígenas. Você vai ver
24 que o canibalismo, para os índios, é tão digno quanto a eucaristia para
25 os católicos. É sagrado.

(Adaptado de: Superinteressante, Agosto, 1997,p.4.)

07. Considere as seguintes informações sobre o texto.
I.   Segundo o próprio autor do texto, a revista tem como único objetivo tornar o leitor mais informado acerca da história dos índios brasileiros.
II. Este texto introduz um artigo jornalístico sobre canibalismo entre índios brasileiros.
III. Um dos principais assuntos do texto é a história da arte no Brasil.

Quais são corretas?
A) Apenas I.
B) Apenas II.
C) Apenas III.
D) Apenas I e III.
E) Apenas II e III.

08. Assinale a alternativa que faz uma afirmação correta sobre o sentido do texto.
A) Segundo temos no primeiro parágrafo do texto, De Bry presenciou cenas de canibalismo no Brasil do século XVI.

B) Segundo o texto, aqueles que não conhecem o significado das práticas antropofágicas dos índios podem ter preconceitos com relação a elas.

C) No segundo parágrafo, o texto sugere que a cultura ocidental do homem branco não tem a mesma diversidade das culturas indígenas.

D) Considerando as referências temporais feitas no texto, apenas o canibalismo praticado nos séculos XVI e XX será abordado.

E) O texto versa sobre o canibalismo, ou seja, sobre o costume, presente nas culturas indígenas brasileiras, de usar regularmente a carne humana como alimento.

09. Assinale a alternativa em que o significado da palavra <u>alto</u> é equivalente ao significado que tal palavra tem na linha 3.

A) Lúcio já estava um pouco alto no final da janta.
B) Pedro é o mais alto dos meus quatro filhos.
C) Dizem que ele é um alto executivo numa multinacional.
D) Eu dei uma lida meio por alto no artigo que me passaste.
E) Essa é uma manifestação de alto preço e respeito da parte dele.

PUC/RS

01   Deus é brasileiro, diz o ditado popular. Se assim for, depois de criar
02   os céus e a terra, e nela instalar o homem, Deus foi descansar na
03   fronteira da Bahia com Sergipe. O paraíso, chamado Mangue Seco –
04   aquele das dunas maravilhosas, cenário de Tieta do Agreste – está
05   localizado ao final da Linha Verde (primeira via ecológica do país) em
06   uma área de proteção ambiental que abrange cinco municípios, num
07   total de 1.348 quilômetros quadrados de muito verde e treze praias de
08   incrível beleza.
09   Esse espaço privilegiado foi criado com a ideia de conservar um
10   patrimônio natural e paisagístico composto por diversos ecossistemas,

11 como manguezais, dunas, restingas, cerrados, lagos e remanescentes
12 da mata Atlântica. Por outro lado, a Linha Verde, que inicia na Praia do
13 Forte, a 50 quilômetros do aeroporto de Salvador, amplia as possibilidades
14 de lazer dos turistas, ao permitir o acesso a mais de uma dezena de
15 praias.
16 Para você chegar até o Mangue Seco existem duas maneiras;
17 pela praia – o que exige conhecimento das marés – ou pelos rios
18 que circundam o local, possivelmente a bordo de um "tototó",
19 acanhado barco de madeira típico da região, ou de uma veloz
20 lancha que em apenas 15 minutos irá depositá-lo num impro-
21 visado porto, não distante dos altos coqueiros e imensas dunas
22 que se movem ao sabor do vento.
23 Desfrutando de tanta beleza, curtindo as águas cristalinas de
24 temperatura agradável e o sol forte o ano todo, em uma região
25 agreste na qual o homem ousou até agora somente pequenas
26 intervenções, é possível que você conclua: se Deus não é bra-
27 sileiro, pelo menos gosta muito daqui.

Responder às questões de 10 a 14 com base no texto acima.

10. A expressão que não poderia servir de título para o texto, por ser incompatível com as ideias deste, é
 A) Visite o paraíso sem ir para o céu.
 B) Férias divinas.
 C) Deus e Homem: uma união necessária.
 D) Mangue Seco – o paraíso é aqui.
 E) Agreste paradisíaco.

11. A ideia que se encontra no texto é
 A) Dizem que Deus é brasileiro, mas a verdade é que ele apenas gosta do Brasil.
 B) A Linha Verde tem 50 quilômetros de extensão e 1.348 quilômetros quadrados de muito verde.

C) A mata Atlântica permanece intacta no agreste nordestino.
D) O acesso ao Mangue Seco, embora facilitado pela Linha Verde, requer meios de transporte especiais.
E) Existem outras vias ecológicas no Brasil, mas a Linha Verde é a pioneira.

12. Pela leitura do texto, fica-se conhecendo
A) por que o porto permanece improvisado.
B) quantos quilômetros tem a Linha Verde.
C) qual a extensão das praias da região.
D) como se denomina a lancha que conduz os turistas ao Mangue Seco.
E) onde se localiza, aproximadamente, o Mangue Seco.

13. De acordo com o sentido que têm no texto, os termos "acanhado" (l.19), "típico" (l.19) e "improvisado" (l.20-21) poderiam ser substituídos, sem prejuízo para as estruturas em que se encontram, por
A) modesto   tradicional   repentino.
B) pequeno   característico   precário.
C) tímido   regional   tosco.
D) desconfortável   protótipo   simples.
E) rudimentar   determinado   provisório.

14. A palavra ideia (l.9) tem o mesmo sentido no texto e em
A) A ideia de prosseguir de carro até Fortaleza tornou-se possível graças ao minucioso roteiro feito.
B) A ideia de que as férias à beira-mar se aproximavam animava o jovem a concentrar-se nos estudos.
C) O projeto de conhecer o Mangue Seco nem passa pela ideia de muitos brasileiros.

D) Existem pessoas que têm a ideia de que viajar é sempre muito trabalhoso.
E) Ainda que tivessem uma ideia aproximada do que iriam encontrar, surpreenderam-se com a imponência das dunas.

UNISINOS

01   A chegada do frio na única faixa de clima temperado no tropica-
02 liente território brasileiro é garantia de uma infinidade de opções de
03 lazer que pedem temperaturas baixas e ambientes aconchegantes. Para
04 competir com outros destinos gelados do continente – como Bariloche,
05 na Argentina, e Valle Nevado, no Chile –, os empresários do setor de
06 turismo da Região das Hortênsias, na Serra Gaúcha, rezam por uma
07 ajuda extra da temperatura, e o governo do Estado lança uma
08 campanha nacional com o lema: "O inverno mais quente do Brasil".
09 "Estamos agora vendendo em todo o país um produto turístico dife-
10 rente, que inclui uma lareira, mesa farta, paisagens românticas e um
11 clima europeu sem precisar ir além das fronteiras do Brasil", diz o secre-
12 tário estadual de Turismo.
13   Colonizada por alemães e italianos, a região mescla influência dos
14 dois povos na gastronomia e na arquitetura. Uma viagem pelas sinuo-
15 sas estradas reserva prazeres como degustar bons vinhos ou deleitar-se
16 com uma mesa farta e variada, que oferece desde o tradicional café
17 colonial (uma prova de resistência mesmo para os mais gulosos) até
18 pratos da sofisticada culinária suíça. Valorizando o cenário, as casas em
19 estilo enxaimel, típicas da Baváuria, em Nova Petrópolis; a imponente
20 catedral gótica, em Canela; por toda parte, o estilo colonial "de Gra-
21 mado", já tão difundido pelo Brasil.
22   Se o visitante for propenso a aventuras, não ficará decepcionado:
23 quem procura um inverno mais radical, movido a muita adrenalina,
24 pode fazer escaladas ou percorrer trilhas no cânion do Itaimbezinho, no
25 Parque Nacional dos Aparados da Serra, em Cambará do Sul, em meio
26 a cascatas de água gelada e cristalina e silenciosas matas nativas.
27   Com sorte, uns e outros terão um privilégio extraordinário: a visão
28 da neve embranquecendo lenta e suavemente a paisagem, no mais

29   esperado fenômeno do inverno gaúcho. E talvez esqueçam por breves
30   momentos que moram num país tropical.

15. Pela leitura do texto, é possível concluir que
A) somente os jovens radicais percorrem as arriscadas trilhas do Itaimbezinho.
B) o lema "O inverno mais quente do Brasil" aceita mais uma interpretação.
C) as baixas temperaturas do inverno gaúcho garantem as frequentes nevascas na região serrana.
D) é evidente a rivalidade entre as cidades que formam a Região das Hortênsias.
E) a campanha desencadeada pelo governo visa a atrair para a serra gaúcha turistas de outros países da América do Sul.

16. Considere as seguintes afirmações.
I. O primeiro parágrafo apresenta algumas vantagens de se optar pelo turismo na serra gaúcha.
II. O primeiro parágrafo apresenta três pontos de vista: o dos empresários, o do governo e o dos turistas.
III. O segundo parágrafo descreve os pratos que compõem o café colonial e a cozinha suíça.
IV. O quarto parágrafo faz referência a um fenômeno climático raro no Brasil.

Quais estão corretas?
A) I e II.
B) I e IV.
C) III e IV.
D) I, II e III.
E) II, III e IV.

17. A alternativa que apresenta expressões que não estão em oposição no texto é
- A) única faixa (linha 01).
  uma infinidade de opções (linha 02).
- B) tropicaliente território (linhas 01 e 02).
  faixa de clima temperado (linha 01)
- C) outros destinos (linha 04).
  Região das Hortênsias (linha 06).
- D) tradicional café colonial (linhas 16 e 17).
  sofisticada culinária suíça (linha 18).
- E) inverno gaúcho (linha 29).
  país tropical (linha 30)

18. As expressões do texto referem-se à mesma ideia, exceto na alternativa
- A) a chegada do frio (linha 01); o mais esperado fenômeno do inverno (linhas 28 e 29)
- B) tropicaliente território (linhas 01 e 02); país tropical (linha 30)
- C) temperaturas baixas (linha 03); clima europeu (linha 11)
- D) outros destinos gelados (linha 04); Bariloche e Valle Nevado (linha 05)
- E) um privilégio extraordinário (linha 27); a visão da neve (linhas 27 e 28)

19. A expressão que melhor corresponde ao sentido que "ajuda extra" (linha 07) tem no texto é
- A) oferecimento extraordinário.
- B) auxílio adicional.
- C) dádiva conveniente.
- D) gorjeta substanciosa.
- E) aumento providencial.

20. Considerando as formas verbais do texto.

I. "estamos agora vendendo" (linha 09) indica ação continuada.
II. "Colonizada" (linha 13) indica ação iniciada no passado e continuada no presente.
III. "for" (linha 22) indica possibilidade.
IV. "não ficará" (linha 22) indica mudança de estado.

Conclui-se que está correta a alternativa
A) I e II.
B) I e IV.
C) II e III.
D) III e IV.
E) I, III e IV.

21. A expressão destacada é utilizada com sentido idêntico em "uma prova de resistência mesmo para os mais gulosos" (linha 17) e em
A) A jovem decidiu viajar mesmo, embora não tenha reservado hotel.
B) Mesmo quem não gosta de frio rende-se ao encanto da Região das Hortênsias.
C) O padrão das iguarias servidas neste café colonial é o mesmo dos demais restaurantes da região.
D) O grupo de turistas havia concordado que ele mesmo faria o roteiro.
E) Mesmo que estivesse muito baixa a temperatura, os turista saíram às ruas para fazer compras.

UNISINOS

O anúncio do primeiro experimento de clonagem bem-sucedido foi recebido pela sociedade com indistinguível espanto. Logo começaram-se a conjecturar e articular correntes prós e contra as experimentações com genes, muitas das quais sem qualquer embasamento científico ou reflexivo. A questão da manipulação gênica não pode ser discutida sem que seja, primeiramente, examinada com toda a argúcia intelectual. Quais são os interesses? A que se prestará? Quais serão as consequências?

É bem verdade que a ciência é um campo do conhecimento humano que paira nas águas tranquilas da razão, acima do bem e do mal. Isto significa, em última instância, que o saber científico não se presta, em essência, ao bem ou ao mal; a intenção das pessoas que se utilizam desta poderosa ferramenta, esta, sim, pode ser enquadrada num desses extremos. Vide, por exemplo, as questões referentes à energia atômica: potencial fonte de energia, sem bem utilizada; arma mortífera, de poder incomensurável, se destinada à fabricação de bombas...

Disto, como saber científico, não fogem as experiências genéticas. Obviamente, dependendo dos interesses, poderão ser "concebidas" criaturas abissais, em nada devedoras aos seriados de ficção científica. Entretanto, a manipulação gênica pode constituir-se em um poderosíssimo método terapêutico para as mais diferentes doenças. São inegáveis os ganhos a serem adquiridos com a engenharia genética, propiciando a cura (e não apenas paliação) das mais diferentes enfermidades – muitas destas, na atualidade, sem tratamento eficaz.

A questão que forçosamente se impõe, neste momento, é a seguinte: valerá a pena suspender os experimentos com genes (não apenas a clonagem, mas todos eles) para uma discussão mais profunda do assunto? Ou, estas duas facetas (experimentação e reflexão) podem caminhar juntas? Sou partidário da segunda opinião. Creio que, para um assunto tão sério, no qual estão implicadas a qualidade e perpetuação da vida de tantas pessoas, não se podem tomar condutas irracionais e retrógradas como a simples suspensão das experiências. Elas devem prosseguir, dentro de princípios morais e com rígida vigilância ética, voltada, invariavelmente, para a redenção de vidas oprimidas pela doença.

35 De forma alguma é minha intenção fazer apologia de livre mani-
36 pulação de genes. Mas, o conhecimento dirigido de forma racional,
37 visando ao bem maior da espécie humana, este, por si só, é irrepreen-
38 sível em termos de possibilidades. É verdadeiramente sublime. Afora os
39 preconceitos e as opiniões infundadas – ou fundamentadas em
40 concepções totalmente errôneas – faz-se necessária a ampla discussão
41 do tema para que os caminhos mais acertados sejam tomados. É
42 preciso refletir com toda a responsabilidade que o tema merece, sem
43 rancores, preconceitos ou paixões.

(SIQUEIRA-BATISTA, Rodrigo, Experiências genéticas...
Movimento em Medicina, São Paulo, nação).

22. Atribua **V** aos enunciados que forem verdadeiros e **F** ao que forem falsos. Depois disso, assinale a alternativa que apresenta a sequência correta.

De acordo com o texto, pode-se afirmar que:
( ) a partir do sucesso inicial dos experimentos de clonagem, surgiu uma variedade de suposições favoráveis e contrárias a esse tipo de pesquisa científica.
( ) o autor destaca que o uso do saber científico para o bem ou para o mal depende dos interesses das pessoas envolvidas com o poder da Ciência.
( ) as experiências não devem prosseguir, segundo o autor, sem que haja um posicionamento ético estabelecido sobre a questão.
( ) evidencia-se, conforme o autor, que a Ciência deve prestar-se às necessidades da vida humana, pois, em primeiro lugar, está a busca por sua qualidade e perpetuação.

A) V-F-V-V
B) V-V-V-F
C) V-V-F-V

D) F-V-V-V
E) V-F-F-V

23. De acordo com o que expressa o texto, não se pode aceitar a seguinte afirmativa:
A) Existe uma oposição entre "razão" e "intenção".
B) Discussões éticas sobre experimentos, envolvendo o tema clonagem, justificam-se.
C) Os argumentos científicos apresentados pelo articulista sobrepõem-se a ideias preconceituosas.
D) Justifica-se a preocupação com os aspectos éticos, uma vez que, historicamente, o homem valeu-se de conquistas científicas com fins maquiavélicos.
E) São interesses altruístas que dirigem as descobertas do mundo científico.

24. O leitor percebe que o relator se expressa de forma convincente, com autoridade sobre o assunto desenvolvido, nas seguintes expressões:
A) É bem verdade (l. 08); não se podem (l. 30).
B) Pode constituir-se (l. 19); pode ser enquadrada (l. 12).
C) Creio que (l. 28); se destinada (l. 16-17).
D) ... dependendo dos interesses... (l. 19); poderão ser concebidas (l. 19).
E) De forma alguma (l. 37); que seja (l. 06).

UNISINOS

01 O homem, como alguns insetos, vários pássaros e muitos de seus
02 primos, os primatas, é um ser social. Dois detalhes, no entanto, o
03 diferenciam: a fala e o sexo feito às escondidas. Desde que o ser

humano é humano, aquela tem sido usada para tornar pública a privacidade deste, sobretudo quando há em jogo algum tipo de transgressão. Em resumo, basta haver linguagem articulada e libido praticada privadamente para que haja fofocas. Restam, porém, mais duas pré-condições: uma é a capacidade de mentir, ou pelo menos, exagerar, que já vem mesmo incluída, como um brinde, na linguagem; a outra e um padrão característico do comportamento sexual que desperte ainda mais a curiosidade geral.

A fofoca, além de ter uma trajetória respeitável, é uma das responsáveis pela existência da literatura e da historiografia, além da biografia, que é a fofoca respeitável. Sua necessidade em nossa espécie é tão patente que chegamos a inventar algo chamado genericamente de ficção só para podermos nos intrometer na vida privada de pessoas que sequer existem. Perseguir uma princesa em velocidade para obter algumas fotos é naturalmente um abuso, e vasculhar joalherias para saber que colar lhe deu seu namorado, mais do que invasivo, mais do que de mau gosto, é profundamente tedioso.

Mas afirmar – da boca para fora – que não se deve invadir a intimidade dos ricos, famosos e poderosos é pura hipocrisia. Uma hipocrisia destinada, aliás, a salvaguardar a hipocrisia deles que, ditando, ao comum dos mortais, padrões de moralidade e comportamento, raramente se julgam obrigados a cumpri-los.

Há algo de saudavelmente humano, civilizado e democrático nos mexericos, fofocas, fuxicos, diz-que-diz-que, boatos, rumores e bisbilhotice, porque eles reafirmam que reis e rainhas, príncipes e princesas, presidentes e papas, atores, atrizes, popstarts e topmodels são gente de carne e osso como todos nós.

(ASCHER, Nelson. *Fofoca e bisbilhotice nascem com o homem*. Folha de São Paulo, São Paulo, 07 set. 1997, p.27. Adaptação)

25. Com relação ao conteúdo do texto:

I. o autor destaca o papel da linguagem articulada como única responsável pela capacidade de mentir, inata ao homem.

II. A linguagem articulada, o sexo dissimulado e a intriga são responsáveis pela maledicência.

III. Está claro o tom crítico do autor à maledicência, evidenciando que suas consequências são totalmente negativas.

Das afirmações acima,
A) Somente I está correta.
B) Somente II está correta.
C) Somente III está correta.
D) Somente I e II estão corretas.
E) Somente II e III estão corretas.

26. AFRF-ESAF – Assinale a opção que está em desacordo com as ideias do texto.

> Uma das facetas mais interessantes da globalização é o incrível aumento do investimento estrangeiro em países como o Brasil. No começo da década passada, o país recebia menos de 1 bilhão de dólares por ano em investimento direto. Esse número está hoje na casa dos 30 bilhões anuais. É claro que as nações ricas sempre investiram nas mais pobres – há razões econômicas de sobra para que façam isso. A novidade é a participação cada vez maior das empresas globais nesse processo. Muito mais do que as antigas multinacionais, os novos conglomerados exploram as potencialidades específicas de cada país, sendo cada vez mais eficientes. Nesse contexto, não existe mais a figura da filial que mantém linhas de produtos ultrapassados nos países periféricos. Agora, todos participam da ponta tecnológica.
>
> *(Adaptado de Exame, 1/11/2000, p.139)*

A) Quando as multinacionais agiam, mantinham filiais com produtos tecnologicamente ultrapassados ou de menos qualidade nos países pobres.

B) Empresas globais são conglomerados.
C) O aumento do investimento estrangeiro em países como o Brasil impede sua participação no avanço tecnológico.
D) Há uma diferença entre empresas globais e multinacionais.
E) O investimento estrangeiro anual no Brasil cresceu na última década.

27. AFRF-ESAF – Assinale a opção que apresenta a ideia central do texto.

O melhor gasto social que existe hoje – sem prejuízo de todos os outros – é o utilizado no esforço de estender a educação ao maior número possível de pessoas. O Brasil vem apresentando bons progressos nesse campo. Há hoje, pela primeira vez na história do país, a perspectiva real de universalizar o ensino fundamental. Mas é preciso sempre lembrar que o resto do mundo não está parado esperando o Brasil resolver os seus problemas. A educação também vem sendo melhorada lá fora. Portanto, é preciso apressar o passo. Enquanto o Brasil não conseguir se equiparar aos países mais avançados nessa área, os benefícios da globalização continuarão aquém do que é possível e desejável.

(Adaptado de Exame, 1/11/2000, p.141)

A) O resto do mundo avança muito na área da educação e o Brasil já está se equiparando aos países mais desenvolvidos.
B) O Brasil vem apresentando grandes progressos na universalização do ensino fundamental.
C) Para que o Brasil obtenha os benefícios da globalização é preciso continuar investindo cada vez mais em educação.
D) A globalização no Brasil prescinde da equiparação dos esforços em educação.
E) Os países desenvolvidos observam o Brasil e continuam investindo muito em educação.

Sobre Política e Jardinagem

De todas as vocações, a política é a mais nobre. Vocação, do latim "vocare", quer dizer "chamado". Vocação é um chamado interior de amor: chamado de amor por um "fazer". No lugar desse "fazer" o vocacionado quer "fazer amor" com o mundo. Psicologia de amante: faria, mesmo que não ganhasse nada.

"Política" vem de "polis", cidade. A cidade era, para os gregos, um espaço seguro, ordenado e manso, onde os homens podiam se dedicar à busca da felicidade. O político seria aquele que cuidaria desse espaço. A vocação política, assim, estaria a serviço da felicidade dos moradores da cidade.

Talvez por terem sido nômades no deserto, os hebreus não sonhavam com cidades; sonhavam com jardins. Quem mora no deserto sonha com oásis. Deus não criou uma cidade. Ele criou um jardim. Se perguntássemos a um profeta hebreu "o que é política?", ele nos responderia: "A arte da jardinagem aplicada às coisas públicas".

O político por vocação é um apaixonado pelo grande jardim para todos. Seu amor é tão grande que ele abre mão do pequeno jardim que ele poderia plantar para si mesmo. De que vale um pequeno jardim se a sua volta está o deserto? É preciso que o deserto inteiro se transforme em jardim.

Amo a minha vocação, que é escrever. Literatura é uma vocação bela e fraca. O escritor tem amor, mas não tem poder. Mas o político tem. Um político por vocação é um poeta forte: ele tem o poder de transformar poemas sobre jardins em jardins de verdade.

A vocação política é transformar sonhos em realidade. É uma vocação tão feliz que Platão sugeriu que os políticos não precisam possuir nada: bastar-lhes-ia o grande jardim para todos. Seria indigno que o jardineiro tivesse um espaço privilegiado, melhor e diferente do espaço ocupado por todos. Conheci e conheço muitos políticos por vocação. Sua vida foi e continua a ser um motivo de esperança.

Vocação é diferente de profissão. Na vocação a pessoa encontra a felicidade na própria ação. Na profissão o prazer se encontra não na ação. O prazer está no ganho que dela se deriva. O homem movido pela vocação é um amante. Faz amor com a amada pela alegria de fazer amor. O profissional não ama a mulher. Ele ama o dinheiro que recebe dela. É um gigolô.

Todas as vocações podem ser transformadas em profissões. O jardineiro por vocação ama o jardim de todos. O jardineiro por profissão usa o jardim de todos para construir seu jardim privado, ainda que, para que isso aconteça, ao seu redor, aumentem o deserto e o sofrimento.

Assim é a política. São muitos os políticos profissionais. Posso, então, enunciar minha segunda tese: de todas as profissões, a política é a mais vil. O que explica o desencanto total do povo, em relação à política. Guimarães Rosa, questionado por Günter Lorenz se ele se considerava político, respondeu: "Eu jamais poderia ser político com toda essa charlatanice da realidade. Ao contrário dos "legítimos" políticos, acredito no homem e lhe desejo um futuro. O político pensa apenas em minutos. Sou escritor e penso em eternidades. Eu penso na ressurreição do homem."

Quem pensa em minutos não tem paciência para plantar árvores. Uma árvore leva muitos anos para crescer. É mais lucrativo cortá-las.

Nosso futuro depende dessa luta entre políticos por vocação e políticos por profissão. O triste é que muitos que sentem o chamado da política não têm coragem de atendê-lo, por medo da vergonha de serem confundidos com gigolôs e de ter de conviver com gigolôs.

Escrevo para você, jovem, para seduzi-lo à vocação política. Talvez haja um jardineiro adormecido dentro de você. A escuta da vocação é difícil, porque ela é perturbada pela gritaria das escolhas esperadas, normais, medicina, engenharia, computação, direito, ciência. Todas elas são legítimas, se forem vocação. Mas todas elas são afunilantes: vão colocá-lo num pequeno canto do jardim, muito distante do lugar onde o destino do jardim é decidido. Não seria muito mais fascinante participar dos destinos do jardim?

Acabamos de celebrar os 500 anos do Descobrimento do Brasil. Os descobridores, ao chegar, não encontraram um jardim. Encontraram uma selva. Selva não é jardim. Selvas são cruéis e insensíveis, indiferentes ao sofrimento e à morte. Uma selva é uma parte da natureza ainda não tocada pela mão do homem.

Aquela selva poderia ter sido transformada em jardim. Não foi. Os que sobre ela agiram não eram jardineiros, mas lenhadores e madeireiros. Foi assim que a selva, que poderia ter se tornado jardim, para a felicidade de todos, foi sendo transformada em desertos salpicados de luxuriantes jardins privados onde poucos encontram vida e prazer.

Há descobrimentos de origens. Mais belos são os descobrimentos de destinos. Talvez, então, se os políticos por vocação se apossarem do jardim, poderemos começar a traçar um novo destino. Então, em vez de desertos e jardins privados, teremos um grande jardim para todos, obra de homens que tiveram o amor e a paciência de plantar árvores em cuja sombra nunca se assentariam.

(Rubem Alves, 66, educador, escritor e psicanalista, é professor emérito da Universidade Estadual de Campinas. É autor de "Entre a Ciência e a Sapiência: o Dilema da Educação" (Edições Loyola), entre outras obras.)

28. Quais das afirmações abaixo são verdadeiras em relação às ideias do texto:
  I. O autor escreve diretamente ao jovem com o objetivo de mostrar o equívoco das escolhas esperadas.
  II. A legitimidade da escolha das profissões esperadas está condicionada à vocação.
  III. Mesmo sendo vocação, as escolhas esperadas estreitam as expectativas do jovem.

A) Apenas I;
B) Apenas II;
C) Apenas III;
D) Apenas II e III;
E) I, II e III.

29. De acordo com o texto, é **incorreta** a afirmação:

A) A política para os gregos e para os hebreus tinha conceitos diferentes.

B) O político por vocação pensa no coletivo e abre mão do individual.

C) O autor gostaria de ser político para ter poder.
D) O autor tem esperança na atividade política.
E) As profissões normais, tradicionais são limitadoras.

30. Poderíamos substituir a frase abaixo por qual das alternativas:

O jardineiro por profissão usa o jardim de todos para construir seu jardim privado, ainda que, para que isso aconteça, ao seu redor, aumentem o deserto e o sofrimento.

A) O jardineiro por profissão usa o jardim de todos para construir seu jardim privado, conquanto, a fim de que isso aconteça, ao seu redor, aumentem o deserto e o sofrimento.
B) O jardineiro por profissão usa o jardim de todos ao construir seu jardim privado, desde que, para que isso aconteça, ao seu redor, aumentem o deserto e o sofrimento.
C) O jardineiro por profissão usa o jardim de todos para construir um jardim privado, à medida que, para que isso aconteça, ao seu redor, aumentem o deserto e o sofrimento.
D) O jardineiro por profissão usa o jardim de todos para construir seu jardim privado. Para que isso aconteça, ele aumenta o deserto e o sofrimento.
E) O jardineiro por profissão usa o jardim de todos para construir seu jardim privado, o que aumenta o deserto e o sofrimento.

31. Em relação ao mesmo trecho do texto, qual seria a passagem correta da seguinte frase para a voz ativa: *"Todas as vocações podem ser transformadas em profissões"*.

A) Podem se transformar profissões em vocações.
B) Profissões podem transformar todas as vocações.
C) Transformam-se vocações em profissões.

D) Podem transformar todas as vocações em profissões.
E) São as vocações que são transformadas em profissões.

32. A seguir há duas colunas. Marque a segunda de acordo com a primeira.
(1) Vocação
(2) Profissão

( ) Pensa no dinheiro;
( ) gigolô;
( ) amante;
( ) privado
( ) coletivo;
( ) Prazer na ação.

Qual a sequência correta de cima para baixo:
A) 2; 2; 2; 2; 1; 1;
B) 2; 1; 1; 2; 1; 2;
C) 2; 2; 1; 2; 1; 2;
D) 1; 2; 1; 2; 1; 1;
E) 2; 2; 1; 2; 1; 1.

33. São feitas as seguintes afirmações acerca da acentuação no texto. Verifique quais estão corretas:
I. Em: *Sua vida foi e* **continua** *a ser um motivo de esperança*, a palavra *continua* existe com acento, no entanto haveria a transformação de verbo em substantivo.
II. Em: *Quem mora no deserto sonha com* **oásis**, a palavra em destaque é acentuada pelo mesmo motivo que acentuamos *biquíni*.
III. Em : *Quem pensa em minutos não tem paciência para plantar*

árvores. A palavra grifada existe sem acento, transformando-se em verbo.

A) Apenas I;
B) Apenas II;
C) Apenas I e II;
D) Apenas II e III
E) I, II e III.

34. Qual dos **quês** assinalados no texto é igual ao primeiro **quê** grifado.

O político por vocação é um apaixonado pelo grande jardim para todos. Seu amor é tão grande que ele abre mão do pequeno jardim (a) que ele poderia plantar para si mesmo. De que vale um pequeno jardim se a sua volta está o deserto? É preciso **(b) que** o deserto inteiro se transforme em jardim.

Amo a minha vocação, **(c) que** é escrever. Literatura é uma vocação bela e fraca. O escritor tem amor, mas não tem poder. Mas o político tem. Um político por vocação é um poeta forte: ele tem o poder de transformar poemas sobre jardins em jardins de verdade.

A vocação política é transformar sonhos em realidade. É uma vocação tão feliz **(d) que** Platão sugeriu **(e) que** os políticos não precisam possuir nada: bastar-lhes-ia o grande jardim para todos.

35. Atente ao seguinte trecho do texto:
Foi assim que a selva, que poderia ter se tornado jardim...

A vírgula tem a mesma justificativa do que a da alternativa:
A) Amo a minha vocação, que é escrever;
B) Seria indigno que o jardineiro tivesse um espaço privilegiado, melhor e diferente do espaço ocupado por todos;

C) Psicologia de amante: faria, mesmo que não ganhasse nada.
D) Todas elas são legítimas, se forem vocação
E) Os que sobre ela agiram não eram jardineiros, mas lenhadores e madeireiros.

36. Qual das preposições grifadas abaixo (unidas ou não ao artigo) é exigida por um nome:
A) A vocação política é transformar sonhos **em** realidade.
B) O prazer está no ganho que **dela** se deriva.
C) Quem mora no deserto sonha **com** oásis
D) Eu penso **na** ressurreição do homem."
E) Selvas são cruéis e insensíveis, indiferentes **ao** sofrimento e à morte.

37. Qual das palavras ou expressões grifadas abaixo tem a mesma função sintática da que está grifada em

E*ncontraram uma selva. Selva não é jardim. Selvas são cruéis e insensíveis, indiferentes* **ao sofrimento e à morte.**

a) Ao contrário dos "legítimos" políticos, acredito no homem e **lhe** desejo um futuro.
b) Nosso futuro depende dessa luta **entre políticos** por vocação e políticos por profissão.
c) Todas elas são legítimas, se forem vocação. Mas todas elas são afunilantes: vão colocá-lo num pequeno canto do jardim, muito distante do lugar onde o destino **do jardim** é decidido. Não seria muito mais fascinante participar dos destinos do jardim?
D) O triste é que muitos que sentem o chamado da política não têm coragem de atendê-lo, por medo **da vergonha** de serem confundidos com gigolôs e de ter de conviver com gigolôs.

E) A escuta **da vocação** é difícil, porque ela é perturbada pela gritaria das escolhas esperadas, normais, medicina, engenharia, computação, direito, ciência.

38. No trecho abaixo, se alterássemos das escolhas esperadas para da escolha esperada, quantas outras palavras deveriam sofrer mudanças para se adequarem às regras de concordância.

A escuta da vocação é difícil, porque ela é perturbada pela gritaria das escolhas esperadas, normais, medicina, engenharia, computação, direito, ciência. Todas elas são legítimas, se forem vocação. Mas todas elas são afunilantes: vão colocá-lo num pequeno canto do jardim, muito distante do lugar onde o destino do jardim é decidido. Não seria muito mais fascinante participar dos destinos do jardim?

A) 8;
B) 9;
C) 10;
D) 11;
E) 12;

39. Atente às sentenças abaixo:
I. Em: *No lugar desse "fazer"* **o vocacionado** *quer "fazer amor" com o mundo...* a palavra grifada sofreu um processo de derivação imprópria.
II. Em: *...onde os homens podiam se dedicar à* **busca** *da felicidade* temos, na palavra grifada, um processo de derivação regressiva.
III. Em: *Talvez haja um jardineiro* **adormecido** *dentro de você* temos, na palavra grifada, uma derivação parassintética.

IV. Em: *O que explica o desencanto total do povo, em relação à política* temos um processo de derivação prefixal e sufixal.

Qual (ais) está (ão) correta(s):
A) Apenas I;
B) I e II;
C) I, II e III;
D) II, III e IV;
E) Todas.

40. Atente às alterações sugeridas.
I. A alteração da expressão *por vocação* para o começo do período. Conheci e conheço muitos políticos **por vocação**. Sua vida foi e continua a ser um motivo de esperança.
II. A alteração de *então* para o começo do período. Caso em que teria vírgula depois.
Posso, **então,** enunciar minha segunda tese: de todas as profissões, a política é a mais vil.
III. A alteração da expressão para todos para imediatamente depois dos dois-pontos, colocando-se, nesse caso, vírgula depois.
É uma vocação tão feliz que Platão sugeriu que os políticos não precisam possuir nada: bastar-lhes-ia o grande jardim **para todos.**

Quais dessas alterações **não** modificariam o sentido original do texto:
A) Apenas I;
B) Apenas II;
C) Apenas III;
D) I e II;
E) II e III.

41. Poderíamos substituir a palavra grifada abaixo por qual das opções?

Posso, então, enunciar minha segunda tese: de todas as profissões, a política é a mais **vil**.

A) mesquinha;
B) valorosa;
C) eclética;
D) tendenciosa;
E) secundária.

42. A oração grifada em: **Quem pensa em minutos** não tem paciência para plantar árvores **não** exerce a mesma função sintática que a grifada em:
I. **Quem mora no deserto** sonha com oásis.
II. Seria indigno que o **jardineiro tivesse um espaço privilegiado**, melhor e diferente do espaço ocupado por todos.
III. O triste é que **muitos ...não têm coragem de atendê-lo...**

A) Apenas I;
B) Apenas II;
C) Apenas III;
D) II e III;
E) I, II, III.

Mudanças Ortográficas

Os brasileiros vão virar portugueses?

As alterações ortográficas que nossa língua está sofrendo provocam um festival de equívocos os quais provam como grassa entre nós, nação de tanta graça, ignorância em relação aos fatos da língua, parte integrante de nossas vidas.

É preciso, em primeiro lugar, observar que a língua portuguesa faz parte de nossa cultura, é mais do que um símbolo (o hino, a bandeira), pois cotidianamente a empregamos para tratar de assuntos dos mais complexos até mesmo os mais simples de nossas vidas.

Desse modo, qualquer alteração na língua terá implicações em nossas rotinas. No entanto, as mudanças que estão ocorrendo reportam-se exclusivamente à ortografia, ao modo de escrever as palavras, não de pronunciá-las.

Há que se diferenciar entre fala e escrita. Ninguém fala como escreve, porque são dois processos bastante distintos. Quando um filho diz ao pai: *"/Pai vô vê u jogu/ "* estamos diante da fala, que entre suas característica no Brasil, engole o /r/ final em algumas palavras – coisa trazida pelos escravos africanos que nos deixaram características linguísticas diferentes do emprego em Portugal. Além disso, aqui e na terra de Camões, e de Cristiano Ronaldo, para os adeptos do pebolismo, a letra O pode representar o som de /u/ – e não existe erro nesse fato, aliás nem se deve falar em erro. Se você achar feio isso: /Us porcus nu matu/, está expondo juízo de valor, mais precisamente preconceito – mas cuidado, até mesmo o Presidente do Superior Tribunal Federal fala assim. E agora?

A reforma, insistimos, é ortográfica, no modo de escrever, até porque não se pode mudar por lei o modo de falar. Imagine se o Governo Lula resolvesse baixar uma lei obrigando os admiradores de futebol a não mais pronunciarem /Curitiba/ ao se referirem ao time verde e branco da mesma cidade. A partir de agora, deveríamos pronunciar *Coritiba*, como é a grafia do aludido time de futebol. Com O ou com U a pronúncia é a mesma e ninguém poderá mudar isso, nem o corintiano Lula. Ou seria */curintiano/*?

Portanto vamos acabar com essa bobagem de que falaremos diferente a partir de agora, como falam os portugueses em função da reforma.

Primeira Mudança

As letras **K, W, Y** voltam ao nosso alfabeto. Isso mesmo, passamos a ter 26 letras. Sim, nas escolas, na alfabetização, essas três letrinhas estão lá, mas não faziam parte do alfabeto desde 1943, quando houve uma reforma ortográfica. Isso era no tempo do Getúlio Vargas. Portanto, desde Getúlio, **W, K, Y** serviam para grafar nomes estrangeiros, como playboy, símbolos de unidade, como km, kg, w (watt). Também serviam para darmos nomes ao nossos pobres filhos: estão aí as Dayses, as Patrycias, os Karlos.

Pior do que grafarmos os nomes dos filhos com letras que estão fora da regra (o que é proibido, mas leis no Brasil existem para serem burladas), bem pior é o Uéslei e o Uóchinton.

O Caso da Linguiça

Os apreciadores desse embutido, envolvido por tripa, de sabor marcante e fabricação muitas vezes suspeita, continuarão a comer a linguiça, com ou sem o trema – mas o velho e bom trema deixará de se acomodar no U da linguiça.

Esses dois tracinhos sobre o U tinham o dever de revelar que este U era pronunciado. Dessa maneira, era um utilitário que servia para facilitar a pronúncia, a fala. Por certo que ninguém deixará de usar o U da linguiça, mas em *distinguir* e *extinguir* muitos incautos e desavisados insistem em pronunciar o U, quando de fato não deveria ser pronunciado.

Além disso, há palavras em que a pronúncia do U pode ou não ser feita, na regra antiga, a diferença estava no uso do trema: liquidação, liquidez, sanguinário, liquidificador são escritos agora sem trema, mas a pronúncia do U fica a critério do falante.

Assim posto, o trema tinha utilidade. No entanto era uma chatice colocá-lo na mecânica do teclado do computador ou da velha Olivetti. Portanto, anotem, o trema caiu, mas nada muda na pronúncia.

Exemplos:
equestre – quinquênio – bilíngue

Evidentemente que o trema permanecerá nos estrangeirismos, como nos sobrenomes, caso de Müller.

Esse sinalzinho tornou-se tão incômodo que algumas publicações, como a Folha de S. Paulo, resolveram assassiná-lo já faz muito tempo.

Dulcineia de Quixote

Todo o mundo sabe quem foi Dom Quixote, de Miguel de Cervantes Saavedra. Igualmente sabem que seu auxiliar, fiel escudeiro, era Sancho Pança. O cavalo do herói chamava-se Rocinante. E a bela mulher, por quem Quixote se apaixonou era Dulcineia. Na regra antiga, tínhamos os ditongos abertos **ÓI, ÉU, ÉI** acentuados. Mas, cuidado, tinham de ser abertos para serem acentuados. O que quer dizer que boi, comboio, ditongos fechados, não tinham acento. Ocorre que os abertos **ÓI** e **ÉI**, se forem paroxítonos, não recebem mais acento pela reforma

Assim, colmeia, debiloide, Andreia, jiboia, mas dói, corrói, destrói, continuam com acento por serem oxítonos.

Dulcineia perdeu o acento, mas não a graça. O ditongo segue aberto, como o coração de Quixote, e nada mudou na pronúncia e no amor secular desses dois personagens da cultura mundial. O mesmo ocorre com hemorroida – que perde o acento, mas segue aberta e dolorida. Os ditongos abertos **ÉU**, por serem oxítonos, não sofreram alteração, logo céu, mausoléu.

Uma Mulher Feiíssima

As mulheres feiíssimas sofrem de feiura, mal detectado pelo poeta Vinícius de Moraes, ao pedir perdão às muito feias, e ao afirmar que beleza é fundamental. As letras **I** e **U**, quando forem tônicas, antecedidas por vogal distinta, sozinhas na sílaba ou acompanhadas por S, desde que não sejam seguidas de **NH**, deverão ser acentuadas.

Assim, se dissermos que ela tem muita **sa-ú-de** e parece uma **sa-ú-va**, temos a regra do hiato **U**.

O mesmo ocorre se o **I** e o **U** estiverem acompanhados de **S** na sílaba. É o caso de Luís. No entanto, há luíses errados por aí: Luiz, assim com **Z**, apesar de ferir a regra, se for com **Z**, não receberá acento. O mesmo acontece com juiz, sem acento, no entanto, no plural, transforma-se em ju-í-zes, porque o I torna-se hiato.

É importante rever aqui os hiatos e os ditongos. A palavra **gra-tui-to**, desse modo, dividida em sílabas, tem o ditongo **UI**, decrescente. Significa dizer que o **I** não é vogal, mas semivogal. Erros de prosódia levam a equívocos no momento de escrever. Se pronunciarmos o **I** de modo forte, ele será uma vogal, desprendendo-se do **U**, ficando solitário, isolado. Não é o caso.

Aproveitemos para examinar os erros de pronúncia da sílaba tônica, erros de prosódia.

OXÍTONOS: con**dor**, han**gar**, hos**til**, mis**ter**, no**vel**, ru**im**, su**til** (sútil é cosido, logo inconsútil, sem costura), transis**tor**, ure**ter**.
PAROXÍTONOS: algara**via**, ambro**sia**, melan**cia**, ci**clo**pe (gigante), **grá**cil, de**ca**no (o mais velho), e**di**to (lei, mas édito, ordem judicial), esta**li**do, li**bi**do, maquina**ria**, quiroman**cia**, ru**bri**ca, pu**di**co.
PROPAROXÍTONOS: **á**lacre, al**cí**one (ave), **ím**probo, **ín**terim, **lê**vedo, a**zá**fama, ar**qué**tipo.

Vale a pena registrar

A mudança nesta regra limita-se ao **I** e **U**, em palavras paroxítonas, desde que antecedidos por ditongos, assim fei-u-ra, Bo-cai-u-va perdem o acento.

Entretanto, saída, saúde, saúva continuam acentuadas, bem como os oxítonos, que em nada mudaram, logo Piauí, saí.

Portanto, feiura perdeu o acento, o que não a deixou menos feia. Mas feiíssima recebe acento por ser proparoxítono, como seriíssimo.

O Caso da Leda

A leda compunha um grupo interessante de verbos que dobram o e **(EE)**. Tínhamos

LEDA CRÊ E VÊ – compondo os verbos ler, dar, crer e ver.

Esses hiatos **OO, EE,** se o primeiro **O** ou **E** forem tônicos, evidente, recebem acento circunflexo. Com a reforma, essa regra deixa de existir, logo

Eles *creem* em papai Noel.

Eles *leem* tudo.

Eles *veem* alternativas.

O *voo* do condor.

Nas questões de acentuação, há uma dificuldade na Língua Portuguesa relacionada ao plural de **ter, vir** e seus derivados. Cuidado, ter e vir não pertencem a turma da LEDA, portanto nada mudou com eles.

Eles *vêm* para o jantar.

Eles *têm* samba no pé.

Eles *entretêm* os filhos no parque.

O perfume *contém* uma fórmula especial.

Os bancos *detêm* o dinheiro do povo.

De Pelo em Pé

A última reforma ortográfica que sofremos foi em 1971, ao tempo dos militares, quando o Brasil explodia em alegria verde-amarela, com a seleção campeã em 70, e o surto ufanista levava ao slogan: "Ame-o ou deixe-o". Muitos deixaram, não por iniciativa própria.

Pois nestes tempos de ditadura militar, houve uma tentativa de aproximar o português brasileiro do de Portugal. Os acentos diferenciais foram extraídos da regra, era o caso de ele e êle, o primeiro a letra, o segundo o pronome.

Ficaram como resíduo o acento em pára do verbo parar; côa, do verbo coar; pólo, de extremidade, péla verbo pelar; pêlo, cabelo; pôr, também verbo e pôde, pretérito perfeito do verbo poder.

Desta regra, ainda sobreviveram apenas pôr e pôde. Logo, ela coa bem o café; eu fico com os pelos em pé ao tomar o café dela; e ainda me pelo de medo dele, nada disto terá mais acento.

No entanto, foi praticada uma justiça: forma e fôrma – que não tinha acento, agora terá acento facultativo.